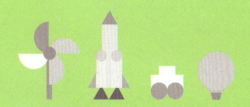

编写名单

主　编　吴邵萍
副主编　徐蓓　马岚
编写人员　孙海清　孙可欣　顾婷婷
　　　　　徐蓓　马岚

0—3岁
婴幼儿课程

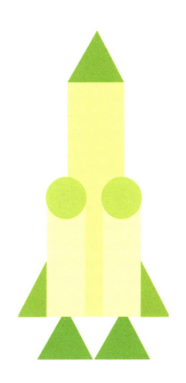

13-18
MONTHS
PARENT-CHILD
CURRICULUM

13—18个月
亲子课程

吴邵萍　主编

南京师范大学出版社

图书在版编目（CIP）数据

0-3岁婴幼儿课程. 13-18个月亲子课程／吴邵萍主编. --南京：南京师范大学出版社，2024.8.
ISBN 978-7-5651-6330-2

Ⅰ. G613

中国国家版本馆 CIP 数据核字第 2024ZR2989 号

0-3岁婴幼儿课程
13-18个月亲子课程

主　　编	吴邵萍
策划编辑	张　莉
责任编辑	魏　丽
出版发行	南京师范大学出版社
地　　址	江苏省南京市玄武区后宰门西村 9 号（邮编：210016）
电　　话	(025)83598919(总编办)　83598412　83598312(营销部)
网　　址	http://press.njnu.edu.cn
电子信箱	nspzbb@njnu.edu.cn
照　　排	南京开卷文化传媒有限公司
印　　刷	江苏凤凰通达印刷有限公司
开　　本	787 毫米×1092 毫米　1/16
印　　张	8
字　　数	166 千
版　　次	2024 年 8 月第 1 版
印　　次	2024 年 8 月第 1 次印刷
书　　号	ISBN 978-7-5651-6330-2
定　　价	40.00 元

出 版 人　张　鹏

序

　　我园自 1992 年开始研究托班教育,并在 2006 年出版了《托班课程教师用书》上下册第一版,可称为我园 0—3 岁婴幼儿教育研究的 1.0 时代;1997 年起,在省规划重点课题的引领下,我们又不断将 0—3 岁婴幼儿的教育研究向下延伸至 7 个月,并在 2013 年出版了《0—6 岁儿童一体化亲子课程》,可称为我园 0—3 岁婴幼儿教育研究的 2.0 时代;2015 年起,我们又展开了深化"自主、融通"开放性园本课程的研究,并在 2018 年出版了《2—3 岁开放性区域活动指导》和《不可逆的 0—3 岁亲子课程》,可称为我园 0—3 岁婴幼儿教育研究的 3.0 时代;本套丛书(《7—12 个月亲子课程》《13—18 个月亲子课程》《19—24 个月亲子课程》《25—30 个月托育课程》《31—36 个月托育课程》,以及托班课程两册阅读材料和操作单)是我园 1992 年至今研究 0—3 岁亲子课程和托班课程 32 年的又一成果,可称为我园 0—3 岁婴幼儿教育研究的 4.0 时代。在这 32 年的实践研究过程中,我们始终做到四个坚持。

　　1. 坚持"把培养 0—3 岁儿童身体、认知、语言、情感与社会性等各方面和谐发展的'完整的儿童'作为根本任务"[①]。在编制和实施婴幼儿亲子课程和托育课程时,我们重视课程结构的均衡性、综合性,努力做到将婴幼儿的经验和生活整体地联系,关注到各种学科知识之间的联系和一体性。课程内容包含了动作、语言、认知、情感与社会性等,我们将各领域最基本、最重要的发展任务和内容进行了一体化横向整合,不断将其深化和具体化,使其更具有可操作性,更方便教师们使用。我们在 7—24 个月的亲子课程设计与组织实施中采用主题整合课程。我们的每一次亲子课程活动都是以一个具体主题有机整合各领域学习内容。虽然每次课程主

　　① 吴邵萍.0—6 岁儿童一体化亲子课程教师用书[M].上海:华东师范大学出版社,2013:3.

题名称不同,或以图画书的名称呈现,或以玩具的名称呈现,或以材料呈现,或以歌曲名称呈现……但是,无论是什么主题,在一次课程中必然整合了身体、认知、语言、情感与社会性等学习内容,保障每次课程活动都指向儿童的全面发展。25—36个月的托育课程则是以两周一个主题有机整合各领域学习内容来落实全面发展。①

2. 坚持"从0—6岁儿童发展连续性的一体化视角整体构建亲子课程"。我们将婴幼儿终身可持续发展的素养从0岁起落地。如,学习的自主感,从7个月开始的亲子课程,我们就在每次的固定环节中安排了婴幼儿15分钟的自主游戏时间,让婴幼儿自主决定选择喜欢的玩具,选择在哪儿玩、怎么玩、玩多长时间等,呵护婴幼儿的主体性和积极性,激发自我成长的潜能。当然,我们也通过此环节帮助家长认识到,儿童自主性是天性需要,作为成人要给予儿童自选的机会,发展儿童的自主性。同时,我们也让家长认识到:儿童的独立性是相对的,仍然需要家长的陪伴和指导。再如,每一次亲子课程中教师都采用让婴幼儿自主探索在前,教师示范演示在后的方式,从7个月婴儿的第一次亲子课程就开始实施,并贯穿于每一次亲子活动的全环节及整个婴幼儿亲子课程和托育课程。

3. 坚持对儿童指导和对家长指导整合性的一体化视角构建亲子课程。亲子课程既是婴幼儿游戏和学习的活动,也是家长学习育儿的活动。因此,亲子课程要确保婴幼儿和家长都能从中获得成长和进步。我们通过教案文本双维结构、课程实施环节双维指导落实家长培训和儿童发展的一体化。为了给予家长持续的、反复运用的有效资源的支持,不断改善家长育儿观念和行为的策略,保障0—3岁一体化亲子课程真正循序渐进地推进家长发展,始终陪伴家长的成长,并保障儿童学习和家长培训的一体化。第一,明确亲子课程备课、教案构成和文本必须指向儿童和家长两个维度。通过教师备课、具体的活动教案,使每一次亲子课程都成为家长学习培训的教材,使家长获得持续的支持,在每次活动中都能获得建议和指导。我们将亲子课程教案分成左右两栏。左边的活动目标和活动内容指向儿童的发展,右边的活动目标和内容指向家长的发展。第二,明确课程实施的每一环节必须指向儿

---

① 吴邵萍.0—6岁儿童一体化亲子课程[M].上海:华东师范大学出版社,2013:3.

童和家长两个维度。在实施课程时,教师不仅在实施前要向家长介绍亲子活动大环节的安排和每一个环节对儿童的教育作用,还要帮助家长了解每一个环节活动的价值。在每个环节儿童学习之前,都必须先告知家长此环节对于儿童的发展价值是什么,发展状态可能是怎样的,并帮助家长明确从哪些方面去观察儿童。在儿童学习之后,教师告知家长儿童每个行为表现对应的发展状态是怎样的,面对这样的发展状态,家长可以做什么、怎么做,不应该做什么……在第二次上课时教师要通过儿童的行为反馈、分析家长在家里哪些行为是有所改变的,让家长体会到自己改变和儿童改变之间的关系,逐步帮助家长即使脱离了教师,依然能够指导儿童朝正确方向去发展。[①]

4. 坚持以实践研究为本,努力建构0—3岁本土化、体系化、具有可操作性的亲子课程。我们立足一线实践者的需求,依据中国婴幼儿生活特点、文化特点等,依据婴幼儿月龄特点来设计、实施和评价亲子课程。我们不仅使用具有中国文化特点的儿歌、图画书、音乐和歌曲,具有中国特色的婴幼儿玩具、材料和游戏,而且坚持设计的每一个活动都不断地经过实践检验,反复验证、不断改进,使其更加适合各个月龄婴幼儿发展需求,不断推进每个发展阶段婴幼儿的充分发展、全面发展。本书中的每一个活动都是经历过三轮以上的反复实践验证,经过不同层次教师实施后反思改进的成果。我们期望以此作为培训教师的指导,使其在使用的过程中,熟悉并逐步掌握0—3岁婴幼儿身心发展的特点和教育规律,成为教师设计实施亲子课程和托育课程的支架,使教师在此基础上,关注本地、本班婴幼儿学习的差异性,根据自身特点形成适合于自己的0—3岁婴幼儿亲子课程和托育课程。

本书在坚持以上四个原则的基础上紧密结合国家最新文件的理念,全面落实《托育机构质量评估标准》的精神。主要体现在以下四个方面。

一是婴幼儿的月龄要求和评价指标、托育课程的主题目标和每一个活动目标都是对应《托育机构质量评估标准》"动作、认知、语言、情感"四个领域来描述婴幼儿的学习和发展的。婴幼儿的发展是整体的,同一活动往往涉及若干相关经验,我们以关键经验整合多领域发展设计活动,让每一次亲子课程、每一个活动都有目

[①] 吴邵萍.0—6岁儿童一体化亲子课程教师用书[M].上海:华东师范大学出版社,2013:7-8.

的、有计划、循序渐进地涵盖了"动作、认知、语言、情感"四个领域的关键经验,为婴幼儿提供全面的发展支持,以确保婴幼儿在全面和谐的环境中学习和成长。

二是在全面支持婴幼儿发展的前提下,凸显了"利用机会和婴幼儿共读图书、共念儿歌、促进婴幼儿的语言发展"。不仅强化每次亲子活动中全环节、全方位的伴随式语言学习,在每次亲子活动中都设有明确的语言学习的目标,还结合婴幼儿学习语言的特点,根据每次认知活动中实物的特点,创编了相对应的儿歌,在课程中增加了大量的教师和婴幼儿、家长和婴幼儿、教师和家长之间的多向互动环节,并将共读图书、共念儿歌、促进婴幼儿的语言发展延伸至家庭之中,全空间、全时段地促进婴幼儿的语言发展。

三是重视环境和操作材料对婴幼儿的发展支持。"为婴幼儿提供丰富的感知环境和操作材料,引导和支持婴幼儿利用视、听、触、嗅等各种感觉器官探索感知,获得丰富的直接经验。"感官学习在婴幼儿时期占有举足轻重的地位。它不仅是婴幼儿认知发展的基础,还对他们的情感、社交和身体发展起到积极的推动作用。因此,我们充分关注婴幼儿的感官学习需求,为他们提供丰富多样的感官刺激玩具材料,依据婴幼儿各方面的发展需求,循序渐进地、有针对性地提供支持。我们按照不同月龄儿童的生理基础和发展需要设计了推进大小肌肉动作循序渐进发展的多项系列活动。如,小肌肉练习活动有:粘贴系列、插拔动作系列、套挂系列、舀球系列、撕纸系列……而舀球系列按照舀球工具、操作难度和舀球环境的不同又分为:用大汤勺舀海洋球、水中舀球、用奶粉勺舀球、舀球大赛……①

四是"根据婴幼儿月龄特点和发展水平,提供自我照料的机会,鼓励婴幼儿发展生活自理能力""鼓励婴幼儿尝试完成力所能及的任务,使婴幼儿感受自己的能力,增强自信心和自主性"。我们在7个月的第一次亲子课程中,就将让婴幼儿自己收拾自己使用过的每一样玩具材料的理念传达给家长,并让参加活动的家长由开始的自己示范并讲解给自己的孩子看和听,到逐渐发展到带领自己的孩子一起收拾,当孩子能走时,我们就通过语言指导他们自己收拾,直至帮助他们养成主动收拾的习惯。我们将这一理念贯穿于整个亲子课程和托育课程,帮助家长建立婴幼

---

① 吴邵萍.0—6岁儿童一体化亲子课程教师用书[M].上海:华东师范大学出版社,2013:6.

儿是能胜任力所能及任务的观念,让婴幼儿不断感受到自己的能力,发展他们的自信心和自主性。

另,本书运用了国家卫生健康委办公厅 2022 年 11 月印发的《3 岁以下婴幼儿健康养育照护指南(试行)》中"养育人"的提法,凸显"对婴幼儿进行良好的养育照护和健康管理是实现儿童早期发展的重要举措""父母是婴幼儿的养育照护和健康管理的第一责任人",将过去的"家长目标"改为"养育人目标",将过去的"家长关注要点"改为"养育人关注要点"。

本丛书的编写框架结构为:

《7—12 个月亲子课程》是每周一节亲子活动,共有 24 个活动。整本书是按照 3 个月为一个阶段写的,由 7—9 个月亲子活动和 10—12 个月亲子活动,以及 0—3 岁托育机构各种相关规章制度三部分组成。7—9 个月部分主要由 7—9 个月教养活动与要求、7—9 个月亲子活动固定流程,以及每个月具体的亲子活动组成;10—12 个月部分主要由 10—12 个月教养活动与要求、10—12 个月亲子活动固定流程以及每个月具体的亲子活动组成;第三部分是规范开办 0—3 岁托育机构的各项规章制度和规范细则,它包含卫生保健、一日生活作息制度、家长工作制度、教师培训制度等 20 个制度。该部分给大家提供借鉴,最大限度地满足当下 0—3 岁托育机构一线教师的需求。

《13—18 个月亲子课程》是每周两节亲子活动,共有 48 个活动。整本书是按照 6 个月为一个阶段写的,由 13—18 个月教养活动与要求、13—18 个月亲子活动固定流程,以及每个月具体的亲子活动组成。

《19—24 个月亲子课程》也是每周两节亲子活动,共有 48 个活动。整本书也是按照 6 个月为一个阶段写的,由 19—24 个月教养内容与要求、19—24 个月亲子活动固定流程,以及每个月具体的亲子活动组成。

《25—30 个月托育课程》《31—36 个月托育课程》则是按照每两周一个主题编排,每本书是 10 个主题。每个主题由周工作计划、主题说明、主题目标、教学活动设计组成。其中每个主题都有一个亲子活动,延续 7—24 个月的亲子课程对家长的持续指导。

多年来,南京市北京东路小学附属幼儿园的全体教师始终充满热情地参与课程编制、实践及整理总结的全程,付出了辛勤的劳动,贡献了自己的智慧。

在7—36个月亲子课程和托育课程的建构过程中,我们得到了诸多专家教授的指导和帮助。尤其是南京师范大学的许卓娅教授、孔起英教授、张俊教授,自课程建构起至今,长期持续地在课程理论和课程实践方面给予我们指导,使我们的课程得以不断地向前推进。在此感谢他们对我们的帮助和指导。

本丛书是我的团队自2018年1月由华东师范大学出版社出版《不可逆的0—3岁亲子课程》七年后的又一成果,但由于我们水平所限,书中难免有表达不够清晰或不够妥当之处,恳请大家予以批评指正。

吴邵萍

南京市北京东路小学附属幼儿园

2024年6月5日

目录

13—18个月教养内容与要求

13—18个月的宝宝开始自由地行走,慢慢地开始学会跑,但是步伐和节奏不均匀,近似于一种跟跟跄跄。

此阶段是宝宝语言学习的快速发展时期,所说的词汇不是太多,但是能听懂的词汇远远多于所说的词汇。

宝宝认知出现了概括性,开始用试误的方法解决问题,开始按照物体的性质进行操作。宝宝也逐渐开始注意与成人生活相关的事物。

宝宝开始提出要自己来,开始出现初步的自我意识。宝宝情绪变得丰富而多变,会借助哭闹或扔玩具等来表达他们的需求与意愿。

 动作

1. 走得稳,能停、能走,也能改变方向。

2. 自己能蹲,不扶物就能复位。

3. 会用2—3块积木垒高,能抓住蜡笔来涂画。

 语言

1. 开始出现用两三个字组成的动宾结构的句子表达意思,如"宝宝吃""妈妈抱""要去"等。

2. 会伴随表情、字词和动作进行交流。

3. 开始知道书的概念,如喜欢模仿翻书页,但一次翻几页。

 认知

1. 能指认熟悉的物品和人。

2. 开始能识别几何图形,如圆形、正方形、长方形。

3. 开始关注与成人有关的事物。

情感与社会性

1. 情绪易受感染,看到别的宝宝哭时,会表现出痛苦的表情或跟着哭。情绪不安时,会依附安全的东西,如毯子等。

2. 能在镜中辨认出自己,对陌生人表现出新奇。

3. 喜欢单独玩或观看别人游戏活动。

13—18个月亲子活动固定流程

一、接待时光

1. 接待:教师热情迎接每位宝宝,鼓励宝宝与教师打招呼,学说礼貌语言"好"。

2. 自选游戏:鼓励宝宝从玩具架上自选一个玩具,能坚持玩一会儿,培养专心玩玩具的习惯。

3. 收放玩具:播放背景音乐《虫儿飞》,养育人引导宝宝建立听信号收玩具的习惯,观察并提醒宝宝将玩具归还原处。

二、问候时光:沙锤你好

1. 教师出示沙锤摇一摇,引导宝宝倾听沙锤的声效。

2. 教师用沙锤吸引宝宝坐在教师的腿窝里介绍自己。

(1) 教师:沙锤,沙锤你好呀,我的沙锤会说话。

(2) 教师邀请宝宝轮流坐到教师的腿窝里,拿着沙锤问好。

教师鼓励宝宝挥挥沙锤说:大家好,我叫××(宝宝自己说出名字)!

教师带领宝宝较有节奏地挥动沙锤回应:××,××欢迎你!耶!

三、韵律时光:牵着宝宝去散步(播放《海琼斯小夜曲》)

1. 教师引导养育人左手牵着宝宝的手,按逆时针方向围成圆圈站好,做好跟随音乐散步的准备。

2. 教师带领养育人与宝宝跟随音乐节奏做转圈、

养育人关注要点:

☞养育人引导宝宝面对教师,和教师打招呼,说"好"。

☞养育人和宝宝一起玩玩具,引导宝宝按自己的意愿选择玩具,一个玩具可以多玩一会儿。

☞养育人有意识地让宝宝参与收玩具,提醒宝宝轻轻拿、轻轻放玩具。

☞养育人引导宝宝循声找朋友,看向拿沙锤的小朋友。

☞养育人引导宝宝听到自己的名字走到教师面前拿沙锤,并面对大家挥动沙锤,尝试用语言、动作打招呼。

☞养育人在教师的带领下,牵着宝宝随乐行走,帮助其感受音乐节奏,增强亲子间的感情。帮助宝宝尝试做出下蹲、站起、转圈走等动作,锻炼身体控制能力。

摇晃、下蹲、站起等动作,并用语言或动作提示养育人在每一个动作转换前及时做好准备。

四、温馨时光:详见具体活动

五、运动时光:详见具体活动

六、道别时光

1. 身体抚触操《快乐的农夫》。

宝宝坐在养育人的腿窝里,教师带领养育人随乐有规律地抚触宝宝的身体,养育人引导宝宝与教师进行眼神交流。

2. 教师边唱《再见歌》边做动作和宝宝再见。

3. 养育人和宝宝一起挥手说再见。

> ☞养育人注意倾听音乐,了解每一个动作的价值,并按照教师语言和动作的提示,抚触宝宝的身体部位,帮助宝宝放松肌肉、感知身体部位。
> ☞养育人引导宝宝眼睛看着教师,用手部动作做出或者用语言说出"再见"。

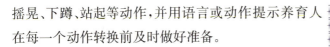

活动 材料

沙锤　　　　　　　　仿真娃娃

歌 曲

再见歌

1=C　2/4　　　　　　　　佚名　词/曲

$\underline{1\ 1}$　$\underline{1\ 3}$　|　5　3　|　6　4　|　5　3　|

挥挥　手说　再见、　再见、　再见,

$\underline{1\ 1}$　$\underline{1\ 3}$　|　5　3　|　4　2　|　1　-　‖

挥挥　手说　再见,　说再　见!

13 个月

活动一：你好吗

 宝宝目标

1. 和教师一起阅读大书,在成人的帮助下,愿意用手指一指书中的画面。

2. 在教师的鼓励下,模仿书中语言说"你好"或"好"。

 活动准备

1. 图画书《你好吗?》1 本,书中对应的毛绒玩具(小鸡、小猫咪、小狗、小恐龙)各 1 个。

2. 彩虹伞 1 顶,平衡步道 2 条。

3. 音乐《你好》。

 活动过程

一、接待时光 ⎫
二、问候时光 ⎬ 详见 13—18 个月亲子活动固定流程
三、韵律时光 ⎭
四、温馨时光

1. 教师出示图画书,激发阅读兴趣。

(1) 教师指着封面问:这本书上有谁? 它在干什么?

(2) 教师走近宝宝,依次让每个宝宝指一指,教师

养育人目标:
1. 关注宝宝是否愿意跟随教师的提问指一指书中的画面。
2. 关注宝宝是否愿意与教师、同伴互动,说"你好"。

用动作或表情回应。

（3）教师指着封面说：我看见小鸡举起手在打招呼，说"你好"。

（4）教师：它们是怎么打招呼的呢？今天我们阅读的这本书就叫《你好吗？》。

2. 教师一边翻书一边讲述故事内容，和宝宝共同阅读图画书。指导养育人在过程中配合情节和书中小动物说"你好"。

（1）教师：小鸡来了，敲敲门，说"你好"。

小猫咪来了，敲敲门，说"你好"。

……

（2）教师：小动物们都来了，还有谁呢？

小朋友来了，会说什么呢？

3. 教师提问故事中的角色，引导宝宝跟小动物打招呼说"你好"，或用点头等动作回应。

（1）教师出示故事里的动物毛绒玩具问：故事里有谁？

（2）教师依次出示小动物，引导宝宝和小动物打招呼，说"你好"。

五、运动时光：你好

1. 教师铺好2条平衡步道，请养育人拉起彩虹隧道，示范游戏玩法。

教师：爬过"山洞"，爬过"小桥"，到达终点（一排小动物玩具）。选择一个小动物抱一抱，说"好"或"你好"。

2. 教师播放音乐，养育人带领宝宝反复游戏。养育人可参与其中引导宝宝和他人打招呼。

六、道别时光：详见 13—18 个月亲子活动固定流程

> **养育人关注要点：**
>
> ☞ 书中的小动物非常吸引宝宝，养育人可以抓住这个特点，用不同的声调表现小动物说"你好"且嘴巴张大，让宝宝尝试回应或发音，发展宝宝语言表达能力。

> ☞ 根据宝宝的学走情况，养育人引导宝宝在游戏中可走也可爬。
>
> ☞ 鼓励宝宝接纳同伴，并对同伴说"你好"，发展宝宝的社会交往与社会适应能力。
>
> ☞ 宝宝说不出来时，养育人可摇动小动物逗引宝宝做出回应；如若宝宝不回应，养育人可边用语言边用动作辅助，帮助或代替宝宝回答。通过养育人的示范，发展宝宝与别人交流时的对话意识。

本活动用的毛绒玩具示例

故事

你好吗

［日］木村裕一　文

崔维燕　译

小鸡叽叽来了，敲敲门……

咚咚咚！你好！

小猫咪咪来了，敲敲门……

咚咚咚！你好！

小狗汪汪来了，敲敲门……

咚咚咚！你好！

小恐龙宝宝来了，敲敲门……

咚咚咚！你好！

活动二：玩具坐滑梯

 宝宝目标

1. 尝试用手抓玩具投入圆形硬纸筒,并观看玩具从硬纸筒滑出来。

2. 在成人引导下,愿意用单字学说玩具名称。

 活动准备

1. 室内滑梯1个。

2. 人手一份材料:玩具1筐(小汽车1个、弹力球1个、指偶1个),30—50厘米长圆形硬纸筒(或羽毛球筒、组合卷纸芯等)1个。

 活动过程

一、接待时光
二、问候时光 } 详见13—18个月亲子活动固定流程
三、韵律时光
四、温馨时光

1. 教师出示圆形硬纸筒,引起宝宝对圆形硬纸筒的兴趣。

(1) 教师通过圆形硬纸筒的一头看宝宝。

教师:这是一个长长的"隧道"。

看看老师在哪里?

原来,老师在"隧道"洞洞的那一头。

(2) 教师和宝宝玩小手藏猫猫游戏。

教师示范将硬纸筒套在宝宝的小手上:小手藏进去,么儿,不见了!

教师鼓励宝宝把小手伸进"隧道"。

(3) 教师鼓励宝宝自由玩圆形硬纸筒。

教师:"隧道"还可以怎么玩呢?

2. 教师通过示范弹力球钻洞,引导宝宝观察弹力球滑出的现象。

养育人目标:
1. 鼓励宝宝手抓玩具,对准圆形硬纸筒一头的洞口放进去,并能找到滑出来的玩具。
2. 用动作、语言引导宝宝将玩具投入硬纸筒,鼓励宝宝尝试说出简单的"车""球"等字音。

养育人关注要点:
☞ 宝宝通过抓握玩具放进硬纸筒并使其滑下,锻炼了宝宝的手指抓握能力和眼睛的注视、追视能力。

☞ 引导宝宝对身边的事物感兴趣,鼓励宝宝玩一玩。养育人观察宝宝拿到硬纸筒后是否愿意玩一玩硬纸筒、用什么方式玩硬纸筒。

（1）教师一手拿弹力球一手斜拿纸筒，将弹力球放进纸筒一头的洞口。

教师："隧道"变变变，变成长长的"滑梯"。

小球要玩捉迷藏，"扑通"一声钻洞洞。

（2）教师鼓励宝宝注视并捡起从洞里滑出来的弹力球。

3. 教师引导宝宝自由探索玩具坐"滑梯"。

（1）宝宝每人一筐玩具，认识玩具并玩一玩。

教师：筐里有什么玩具？

宝宝们自己玩一玩玩具。

（2）教师示范将玩具放进"滑梯"滑下来。

教师：小汽车钻进大洞洞，小汽车哪儿去啦？

小汽车出来啦！宝宝找一找。

教师：其他玩具也想坐"滑梯"，宝宝们自己试一试吧。

（3）宝宝游戏：玩具坐"滑梯"。

养育人将圆形硬纸筒倾斜，鼓励宝宝把玩具从上头的洞洞丢下，并找到滑下来的玩具。

五、运动时光：宝宝坐滑梯

1. 教师示范上台阶、滑滑梯的方法。

（1）教师：宝宝也来滑滑梯，家长扶着宝宝腋下，宝宝小脚靠近台阶站好。一只脚抬，放在台阶上，用力蹬。另一只脚跟上，上来咯！

（2）教师：坐坐好，滑下来。

2. 宝宝循环游戏。

六、道别时光：详见 13—18 个月亲子活动固定流程

☞ 此活动一方面锻炼宝宝手眼协调能力，一方面发展其注视能力。养育人观察宝宝是否愿意拿起玩具投入洞口，玩具滑出来之后能否追视玩具的运动轨迹。如果宝宝能有意识地拿起玩具投入洞口，养育人鼓励宝宝尝试爬、走去捡玩具；如果宝宝无目的地玩玩具，养育人可以先语言提醒"玩具要坐'滑梯'咯"；如果宝宝还是没有游戏兴趣，养育人可以拿着宝宝的手示范将玩具投入纸筒，鼓励宝宝看玩具滑下来的过程。

☞ 养育人可以利用生活中常见的卷纸芯或者羽毛球筒等，让宝宝将玩具投入其中进行游戏，积累洞洞里可以钻大小不同物体的经验。

☞ 上台阶可以锻炼宝宝的腿部力量，滑滑梯锻炼宝宝的平衡能力和胆量。养育人观察宝宝能否有意识地抬腿上台阶。

活动 材料

硬纸筒、小汽车、弹力球、指偶　　　　　　　室内滑梯

活动三：好吃的溶豆

 宝宝目标

1. 用看、摸、闻、尝等多种方式感知溶豆的特点。
2. 在品尝溶豆后，感知甜甜的味道，学说"甜"。

 活动准备

1. 溶豆 2 盒（原味、水果味，一大一小 2 种颗粒）。
2. 湿纸巾 1 包，海洋球（数量为宝宝人数的 4 倍）。
3. 人手一份材料：溶豆 1 小包，点心盘 1 个，小筐 1 个（装海洋球）。

 活动过程

一、接待时光 ⎤
二、问候时光 ⎬ 详见 13—18 个月亲子活动固定流程
三、韵律时光 ⎦
四、温馨时光

1. 教师出示整包溶豆，吸引宝宝的兴趣。

（1）教师摇溶豆包装袋，让每位宝宝听一听。

> **养育人目标：**
> 1. 用语言鼓励宝宝愿意品尝溶豆，养育人示范将溶豆放入嘴里变"没了"，逗引宝宝感受溶豆放入口中"没了"的现象。
> 2. 引导宝宝学说"甜""没"。

教师:听听看,有声音。

（2）教师给每个宝宝发一小包溶豆,鼓励宝宝摇摇袋子。

教师:袋子里面有东西吗? 我们打开看一看。

（3）养育人把宝宝手中的溶豆放在身后。

2. 教师打开原味溶豆,教宝宝认识溶豆。

（1）教师打开袋子,拿一颗溶豆走近宝宝,给宝宝看。

教师:这是溶豆。

（2）教师示范将溶豆放进嘴里变"没了"。

教师将溶豆放进嘴巴里,再伸出舌头给宝宝看溶豆不见了。

教师:豆豆小小,豆豆圆圆。

（养育人握住宝宝两个拳头,左右摇晃）
吃到嘴里,消失不见。
（养育人拿着宝宝的手拍拍其肚子）

3. 宝宝品尝溶豆。

（1）教师给宝宝分发盘子,养育人打开袋子,倒出溶豆。

（2）教师:家长也给宝宝表演溶豆不见了。

（3）宝宝用湿纸巾擦手后品尝溶豆,宝宝一颗,养育人一颗。

（4）学习说"甜"。

教师:溶豆吃起来是什么味道的? 甜甜的。

4. 教师打开另一种口味、不同颜色的溶豆,引导宝宝发现溶豆的不一样。

（1）教师出示原味溶豆和水果味溶豆各一颗。

教师:哪颗溶豆是白色的? 哪颗是红色的?

教师:哪颗大大的? 哪颗小小的?

（2）教师给宝宝分发原味、水果味溶豆各两颗,鼓励宝宝学习分享。

教师:宝宝一颗,家长一颗。

五、运动时光:大豆豆、小豆豆

1. 教师拿着仿真娃娃,一边念儿歌一边带着仿真

养育人关注要点:

🖐吃溶豆的过程可以锻炼宝宝手指抓握能力,也鼓励宝宝接触各种各样的食物。提醒养育人在给宝宝食用溶豆时,应控制食用量。

🖐养育人模仿教师动作放一颗溶豆进嘴巴,给宝宝看溶豆"没了"。逗引宝宝观察溶豆放入口中变"没了"的特点,鼓励宝宝说"没"。

🖐养育人观察宝宝是否愿意吃溶豆、能否捏住溶豆、用什么方式（一把抓、拇指和食指捏、三指捏）拿溶豆。同时观察宝宝给养育人吃溶豆时能否对准养育人的嘴巴放进去,锻炼宝宝手眼协调能力。如果宝宝不愿意品尝溶豆,养育人分析其原因,在家有没有接触过这样的食品,先用语言鼓励宝宝尝一尝;如果宝宝还是不愿意尝,养育人再示范将溶豆放进自己嘴巴里变"没了"激发宝宝的兴趣;当养育人示范后宝宝依旧不感兴趣,养育人可以尝试拿着溶豆放进宝宝嘴巴里让其感受溶豆的味道,再激发宝宝的品尝兴趣。

娃娃做动作。

（1）玩法一：娃娃坐在教师膝盖上，教师边念儿歌边有节奏颠簸，最后一句教师扶稳娃娃向后躺倒再快速坐起来。

（2）玩法二：教师扶站娃娃，边念儿歌边做动作。

2. 教师将海洋球撒在场地四处，养育人带领宝宝"捡豆豆"。

宝宝蹲下捡起地上的"豆豆"（海洋球），站起来放在养育人手中的筐内。

六、道别时光：详见 13—18 个月亲子活动固定流程

☞养育人关注宝宝拇指和食指捏的情况，鼓励宝宝学习用拇指和食指捏的方式将溶豆送进养育人的嘴巴里。养育人可以在家中准备类似溶豆大小的食品或其他物品，让宝宝练习拇指和食指捏的协调性，练习宝宝的抓捏能力。

☞宝宝正在学习走路，捡球时的蹲站动作可以发展宝宝腿部的力量。养育人观察宝宝是否愿意蹲下来捡球再站起来、站起来的时候能不能站稳。

溶豆

大豆豆、小豆豆

大豆豆、小豆豆，（托住宝宝的腋下，左右轻柔摇晃宝宝）

一颗一颗圆溜溜；（托起宝宝旋转一圈放下）

大豆豆、小豆豆，（托住宝宝的腋下，左右轻柔摇晃宝宝）

咕噜咕噜滚走喽！（托起宝宝旋转一圈放下）

活动四：种蘑菇

 宝宝目标

1. 尝试将蘑菇钉插进洞洞里。

2. 在成人的引导下学说"插""拔"。

活动准备

1. 摸袋 1 个,小兔手偶 1 个。

2. 人手一份材料:种蘑菇玩具 1 份(底板、蘑菇钉),泡沫砖 1 块。

活动过程

一、接待时光
二、问候时光 详见 **13—18 个月亲子活动固定流程**
三、韵律时光

四、温馨时光

1. 教师出示摸袋,鼓励宝宝认识蘑菇钉。

(1) 教师走近宝宝,让每个宝宝伸手从摸袋摸出一个蘑菇钉。

(2) 教师引导宝宝观察蘑菇钉外形。

教师:像个小蘑菇。大大的是蘑菇头,小小的是蘑菇把。

(3) 教师出示小兔手偶,鼓励宝宝轮流把蘑菇钉依次插高。

教师:小兔想要吃蘑菇,宝宝把蘑菇放进小兔嘴巴里,插高高。

2. 宝宝每人一个装有蘑菇钉的摸袋,摸出摸袋里的蘑菇钉。

(1) 教师鼓励宝宝大胆地伸手从摸袋摸出蘑菇钉。

(2) 养育人一对一引导宝宝将自己摸出来的蘑菇钉插高、拔下。

养育人目标:

1. 观察宝宝能否找到洞洞,并知道一个蘑菇对应一个洞洞种进去。

2. 用动作、语言鼓励宝宝在种蘑菇的过程中学说"插""拔"。

养育人关注要点:

☞ 将蘑菇钉插进洞洞的过程中,宝宝需要控制手部的力度和角度,使蘑菇钉能够准确地插入,这对手指力量的发展和手眼协调性的提升有很大的帮助。

☞ 插的动作锻炼宝宝手指的力量和空间认知能力。养育人观察宝宝是否愿意将蘑菇钉插高及其插高的方式。

13

3. 教师出示底板,寻找底板上的洞洞。

(1) 教师:这是小兔家的草地,看看,草地上有许多什么?

(2) 教师走近每个宝宝,让宝宝用小手指戳一戳,学说:洞洞。

4. 教师示范"种蘑菇"的游戏,激发宝宝操作的兴趣。

(1) 教师示范游戏玩法。

教师:小兔要种蘑菇,把蘑菇把朝下,对准草地上的洞洞插进去,蘑菇就种好了!

(2) 教师走近每个宝宝,依次让宝宝插一个蘑菇钉,观察宝宝的手眼协调能力。

5. 每个宝宝一份材料与养育人共同游戏,鼓励宝宝坚持将自己筐里的蘑菇种完,并愿意反复尝试。

五、运动时光:种蘑菇

1. 教师示范上下台阶(用泡沫砖代替台阶)。

(1) 教师:小兔要把蘑菇种到树林里,树林里有台阶,我们来学一学上台阶。

(2) 教师:小脚靠近台阶站好。一只小脚抬,放在台阶上,用力蹬。另一只小脚跟上,上台阶咯!

(3) 教师:膝盖弯一弯,一只小脚先下来,另一只小脚快跟上,宝宝下来咯!

2. 每个宝宝一个台阶练习。养育人一只手搀扶宝宝,另一只手用玩具逗引,鼓励宝宝自己独立完成上、下台阶的动作。

3. 教师将每个宝宝的台阶连在一起,让宝宝尝试走较长一段的台阶。

4. 上完台阶之后拿一个蘑菇种到"草地"上去。

六、道别时光:详见 13—18 个月亲子活动固定流程

☞养育人观察宝宝知不知道根据要求"种"、能不能"种"进去。养育人观察宝宝是先观察洞再"种"蘑菇,还是直接"种"蘑菇,观察宝宝"种"进去的准确率。

☞养育人在家可以选择不同大小、不同材质、不同粗细的物品放进洞洞、盒子里,和宝宝进行互动游戏,循序渐进地提高宝宝手部的精细动作和手眼协调能力。

☞上下台阶的动作可以训练宝宝的腿部力量,有助于增强宝宝的协调能力和平衡能力。养育人一边念儿歌,一边帮助宝宝感受上下台阶的动作。

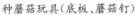 活动材料

种蘑菇玩具(底板、蘑菇钉)

小兔手偶

泡沫砖

活动五：风车呼呼转

 宝宝目标

1. 观察、模仿他人，做出摇晃、拨弄、吹等动作，探索让风车转起来的方法。

2. 能够关注说话者，初步尝试模仿成人吹风时的口型。

活动准备

1. 风车(数量为宝宝人数的 2 倍)，教师提前将 1 半风车插在户外草地或者花坛里。

2. 彩虹伞 1 顶。

3. 音乐《单簧管波尔卡》。

4. 建议在户外有草地或花坛的场地开展活动。

 活动过程

一、接待时光
二、问候时光 ⎫ 详见 13—18 个月亲子活动固定流程
三、韵律时光 ⎭

四、温馨时光

1. 教师出示风车，引起宝宝对风车的兴趣。

> **养育人目标：**
> 1. 鼓励宝宝两只手配合玩风车，自由探索风车玩法后，学习用手指拨动风车使其转动。
> 2. 面对宝宝在其身体各处吹一吹风，让宝宝模仿吹风时"呼呼"的声音。

15

（1）教师：这是什么？风车！

（2）教师介绍风车的主要结构，引导宝宝观察。

教师：风车有根长长的杆子，小手打开，抓住杆子。风车上面有一朵大花，这是花瓣。

2. 教师带领养育人和宝宝到户外草地散步，鼓励宝宝寻找风车所在位置并将风车拔出来玩一玩。

（1）教师、养育人和宝宝一起走到户外，让宝宝寻找藏在草地中的风车。

（2）宝宝自由探索玩转风车。

3. 宝宝人手一个风车，养育人引导宝宝探索风车玩法。

（1）教师：怎么样能让风车转起来呢？

（2）养育人带领宝宝自主探索风车转起来的方法。

伸出手指，对准花瓣的边缘拨一拨，风车转起来。

嘴巴对准风车吹一吹，风车转起来。

拿在手上走一走、跑一跑，风车转起来。

五、运动时光：风车转起来

1. 教师边念儿歌边和仿真娃娃做动作，引导养育人、宝宝理解儿歌内容。

2. 养育人带领宝宝边念儿歌边游戏。

六、道别时光：详见 13—18 个月亲子活动固定流程

养育人关注要点：

☞ 养育人观察宝宝能不能找到风车藏在哪里，是否能把风车从泥土里拔出来，锻炼宝宝的观察能力和手部力量。

☞ 养育人观察宝宝会不会主动模仿教师的动作，能否使风车转起来。

☞ 当宝宝不会拨转风车时，养育人可用语言和动作引导宝宝学习"拨转"这个动作。

☞ 当宝宝熟练转动风车时，可引导宝宝观察吹风时的嘴型和"呼呼"的声音并模仿。

☞ 养育人看着宝宝的眼睛边念儿歌边反复游戏；辅助宝宝扶站并坚持一段时间直到儿歌结束，锻炼宝宝腿部肌肉力量和耐力。

活动 材料

各种风车

风车转起来

小风车手中拿,（养育人握住宝宝手腕上方,带动宝宝摇晃手腕）

你吹吹、我吹吹,（养育人抬起宝宝左手吹一吹,抬起宝宝右手吹一吹）

风车风车转呀转。（养育人握住宝宝手腕,带动宝宝转动手腕）

吹吹你的头、吹吹你的脸,（养育人吹吹宝宝的头发,吹吹宝宝的脸）

我的风车转起来!（养育人从宝宝身后环抱住宝宝,旋转一圈,再放下来）

活动六：叮叮咚咚

 宝宝目标

1. 愿意用手和饭勺拍打或敲向各种不同材料的盆面或桶面,听听发出的声音。

2. 在成人的带领下,愿意模仿重复敲击物品时发出的"叮叮""咚咚"等拟声词。

 活动准备

1. 各种材质的盒子、盆、桶、罐（数量多于宝宝的2倍）。

2. 宝宝人手2个饭勺(木制或塑料材质)。

 活动过程

一、接待时光

二、问候时光 详见 13—18 个月亲子活动固定流程

三、韵律时光

四、温馨时光

1. 教师出示塑料盆和塑料桶,引导宝宝敲击发出声音。

养育人目标：

1. 引导宝宝练习挥动手臂,用手或饭勺敲击盆面或者桶面发出声音。

2. 当宝宝敲击盆面和桶面发出不同声音时,养育人可以模仿拟声词"叮叮""咚咚"等。

17

（1）教师敲击"鼓面"吸引宝宝注意力,寻找声音来源。

教师:咚咚咚,这是什么声音呀? 找一找。

（2）教师引导宝宝用手拍一拍,发出"咚咚"的声音。

（3）每个宝宝抓握饭勺,挥动大臂敲击"鼓面"。

教师:"小鼓"和"小鼓槌"是好朋友,一起玩一玩。

（4）养育人和宝宝共同用饭勺敲击"小鼓"。

2. 教师出示不锈钢材质盆,引导宝宝关注敲击发出的声音。

（1）教师敲击不锈钢盆,模仿拟声词"叮叮"的声音。

（2）教师引导宝宝用饭勺敲击不锈钢盆。

3. 教师敲击不同材质的鼓面,模仿敲击发出的声音。

（1）教师有节奏地敲两下不锈钢鼓面,再敲两下塑料鼓面,吸引宝宝注意力。

（2）教师模仿拟声词"叮叮""咚咚"。

4. 教师出示废旧材料,引导宝宝站立向前或者向上拍击废旧材料发出"叮叮""咚咚"的声音。

（1）教师将"鼓面"举起,引导宝宝尝试扶站于墙边,宝宝可以伸手够一够、敲击。

（2）教师用饭勺敲敲废旧材料发出声音,吸引宝宝反复操作。

（3）游戏后,养育人带领宝宝将游戏材料交还给教师。

五、运动时光:推大响球

1. 宝宝尝试扶着大球独立站起,保持平衡并站稳。

2. 借助大球,宝宝尝试推着大球向前走的同时感受大球内的铃铛发出的"丁零零"的声音。

六、道别时光:详见 13—18 个月亲子活动固定流程

养育人关注要点:

☞ 观察宝宝是有目的还是无目的地进行敲击。

☞ 当宝宝有意识地敲击"鼓面"时,养育人可以用声音模仿"咚咚"的声音。宝宝无目的地敲击时,养育人可用饭勺敲击"鼓面"有节奏地发出声音,吸引宝宝有目的地进行敲击,或者养育人抓握宝宝的手一起敲。

☞ 观察宝宝能否敲准"鼓面"。养育人可以引导宝宝用不同的手进行敲击,挥动手臂敲敲桶。锻炼宝宝左右手大臂力量的同时促进其手眼协调能力的发展。

☞ 养育人观察宝宝扶站情况,引导宝宝站稳并尝试用饭勺发出声音。

☞ 养育人引导宝宝向上挥动手臂,增加难度,锻炼宝宝身体协调能力。

☞ 养育人辅助固定大球引导宝宝自己借助大球扶站,控制大球向前滚的力量,帮助宝宝尝试站立并向前缓慢移动。

饭勺　　　　　　　各种材质的"鼓面"　　　　　内有铃铛的大球

活动七：颜色印印

 宝宝目标

1. 通过和成人一起玩"颜色印印"的游戏,感受白纸上的色彩变化。

2. 在成人的逗引下愿意尝试挤捏的动作,感知动作和颜料的关系。

 活动准备

1. 多色海洋球 1 筐(数量为宝宝人数的 4—6 倍),钻桶 1 个,彩虹伞 1 顶,湿巾 1 包,展板 1 块。

2. 宝宝提前穿好护衣。

3. 人手一份材料:颜料滴瓶(内装红、黄、蓝、绿色颜料);1 张白纸、1 张黑纸(放在托盘里操作)。

 活动过程

一、接待时光
二、问候时光　详见 **13—18 个月亲子活动固定流程**
三、韵律时光
四、温馨时光

养育人目标：
1. 鼓励宝宝挤捏颜料,并用双手拍一拍、抹一抹。
2. 引导宝宝发现从白纸、黑纸到有彩色图画的纸的神奇变化,并学习用动作或语言表示"漂亮"。

1. 教师出示彩虹伞,引导宝宝和养育人共同指一指彩虹伞上的颜色。

(1)教师打开彩虹伞在宝宝头顶上方逗引宝宝,用手抓一抓、够一够。

(2)教师和养育人将彩虹伞铺在地上,带宝宝一起坐在彩虹伞上。

2. 教师出示白纸,引导宝宝摸一摸。

(1)教师走近宝宝,让宝宝用手摸摸、拍拍白纸。

教师:宝宝看,这是白纸,白白的什么都没有。

3. 教师出示颜料滴瓶,引导宝宝用手抓捏,尝试挤一挤。

(1)教师变魔术,变出颜料滴瓶,用抓捏的方式挤一挤空滴瓶。

教师:宝宝看我,用手把瓶子捏住,用力、用力,瓶子变扁了。

(2)养育人和宝宝人手一个空瓶,和宝宝一起抓捏。

4. 教师引导宝宝观察"颜色藏藏"游戏玩法。

(1)教师示范将滴瓶的颜料挤在白纸上。

教师:×色、×色挤出来。

(2)教师出示黑色卡纸,覆盖在滴有颜料的纸上。

(3)将黑色卡纸盖在颜料上,教师:颜色不见了。

(4)掀开黑纸,看一看:彩色的图画变出来。

5. 养育人带领宝宝模仿教师的方法游戏,制作彩色的画。关注白纸、黑纸上都有彩色的图画。

6. 颜料画完成后用湿纸巾擦手。

7. 教师引导养育人带领宝宝将作品贴在展板上展览,宝宝和养育人共同欣赏,学说"漂亮"。

五、运动时光:送彩球回家

1. 教师将钻桶竖放,并出示多色海洋球,介绍玩法。

2. 教师引导宝宝捡球后扶站在有一定硬度和高度的桶边,示范将球丢入桶里。

3. 养育人带领宝宝反复游戏。

养育人关注要点:

☞养育人引导宝宝拍一拍、摸一摸彩虹伞,并对宝宝说出对应的颜色,帮助宝宝建立语言和颜色之间的联系。

☞观察宝宝能否注意到空瓶的变化,逗引宝宝用手试一试抓捏空瓶,锻炼宝宝手部的抓捏力量。

☞观察宝宝是否能对准白纸挤压滴瓶。

☞感受颜色挤在白纸上的现象,养育人指一指颜色并对宝宝说出相应的颜色。鼓励宝宝反复做出拍拍、抹抹的动作,养育人用语言进行描述。

☞如果宝宝操作有困难,养育人可移动纸接住宝宝挤出的颜料,带着宝宝的手共同做出挤、拍、抹等动作。

☞欣赏时,养育人带领宝宝一起鼓掌,重复语言"漂亮、漂亮"。

☞鼓励宝宝自己捡起海洋球,练习扶站的能力,将球丢进桶里。锻炼宝宝扶站能力,促进腿部肌肉发育。

六、道别时光:详见 13—18 个月亲子活动固定流程

活动材料

彩虹伞

白纸、黑纸

颜料滴瓶

作品展板

海洋球

钻桶

活动八:抓尾巴

⭐ 宝宝目标

1. 练习独站、走,在成人逗引下稳定地转身且不跌倒。

2. 在成人的语言和动作逗引下,学说"抓""尾巴"。

⭐ 活动准备

1. 玩具尾巴 1 条。

2. 音乐《一起找尾巴》。

3. 人手一份材料:1 份"抓尾巴"的玩具腰带(每

养育人目标:
1. 支持宝宝独站和平稳地转动身体。
2. 鼓励宝宝在游戏中一边抓尾巴一边学说"抓""尾巴"。

条腰带上有3条布条尾巴)。

 活动过程

一、接待时光
二、问候时光 } 详见 **13—18 个月亲子活动固定流程**
三、韵律时光
四、温馨时光

1. 教师逗引宝宝来抓玩具尾巴,并认识尾巴。

(1)教师戴着尾巴走近宝宝,逗引宝宝伸手抓尾巴。

教师:抓尾巴,抓尾巴。找到尾巴抓住它,看我抓到长尾巴!

(2)教师带着宝宝认识尾巴。

教师边摸尾巴边说:这是尾巴,长长的尾巴,软软的尾巴。

2. 和宝宝玩"找尾巴"游戏。

(1)教师出示布条尾巴。

教师:看我再变出个红尾巴。

(2)教师藏尾巴,宝宝找尾巴。

教师将布条尾巴藏在袖子里露个头,鼓励宝宝找一找、抓一抓。

(3)教师指导养育人和宝宝一起玩"找尾巴"的游戏。

教师:尾巴可以藏在哪里呢?

教师引导养育人藏在袖子里、藏在衣摆下……

3. 宝宝和养育人玩"抓尾巴"的游戏。

(1)教师示范将腰带系在腰间,边走边逗引宝宝来抓自己的尾巴。

教师边向前走边说:宝宝快来抓一抓我的尾巴呀!

(2)教师指导养育人和宝宝反复玩"抓尾巴"的游戏。

五、运动时光:抚触操《抓尾巴》

1. 宝宝趴在地垫上,养育人模仿教师的动作给宝宝抚触身体。

养育人关注要点:

- 通过体育游戏锻炼宝宝独站、走、转身等动作,养育人观察宝宝在游戏中的动作稳定性。

- 用不同的形式、不同的位置吸引宝宝来玩"找尾巴"的游戏,激发宝宝对尾巴的兴趣。养育人关注宝宝是否愿意找尾巴,是不是有目的地找尾巴。

- "抓尾巴"是大肌肉运动,锻炼宝宝独走的能力。养育人观察宝宝在游戏中的独走能力,敢不敢和教师互动,能不能有目的地抓到尾巴。如果游戏中宝宝不能独立地跟随教师身后,养育人可以辅助宝宝跟随教师走;如果宝宝能独走,养育人观察宝宝独走的稳定性、距离以及转身的灵活性;如果宝宝能坚持独走,养育人观察宝宝是否有目的跟随教师抓尾巴,能不能抓到尾巴,如果宝宝只是跟随走,养育人可以语言或动作提醒宝宝抓尾巴。

- 此时宝宝在练习独走,养育人可以在体育游戏中锻炼宝宝行走的稳定性。生活中的很多物品(如纱巾、毛巾等)都可以用来当作小尾巴和宝宝一起玩"找尾巴"游戏。

- 体育游戏后宝宝的休息时光,养育人通过抚触帮助宝宝放松身体。

2. 养育人和教师一起念儿歌与宝宝互动游戏。

六、道别时光：详见 13—18 个月亲子活动固定流程

玩具尾巴

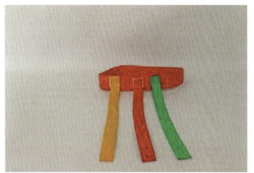

"抓尾巴"的玩具腰带

抓尾巴（抚触操）

小猴子，长尾巴，（宝宝俯卧，养育人从宝宝后背拍到腰部）

扭扭屁股摇尾巴。（摇动宝宝腰臀部）

妈妈、妈妈追宝宝，（养育人在宝宝身侧，双手辅助其做出连续侧身翻滚动作）

抓住你啦笑哈哈。（宝宝仰卧位，养育人面对宝宝，拉手帮其坐起，抱一抱）

14 个月

活动九：大声回答"哎"

 宝宝目标

1. 能跟随教师的讲述和翻阅图书的动作,观察图书画面。

2. 在成人喊到自己名字时大声回答"哎"。

 活动准备

1. 图画书《大声回答"哎"》1 本,笑脸贴画 1 张(数量多于宝宝人数)。

2. 拱形桥 1 个,动物套圈 2 组。

3. 人手一份材料:2 片装动物拼图 1 组。

 活动过程

一、接待时光

二、问候时光 〕详见 **13—18 个月亲子活动固定流程**

三、韵律时光

四、温馨时光

1. 教师阅读《大声回答"哎"》,引导宝宝观察画面内容。

(1)教师指着书的封面:书的封面上是小熊,宝宝指一指,说"小熊"。

(2)教师逐页翻书,引导宝宝指认书中的角色。

养育人目标:

1. 观察宝宝能否跟随老师看书、听老师讲故事,是否愿意根据老师的提问指一指书中的画面。

2. 观察宝宝听到名字后能否主动回答"哎"。

养育人关注要点:

☞ 养育人带着宝宝阅读时可以有意识地带着宝宝感知书的封面,和宝宝一起指一指、说一说书封面上的"小熊"。

☞ 在这个阶段,宝宝更依赖于视觉认识事物,因此先观察图书画面,可以激发他们的好奇心,待宝宝建立起画面的熟悉度后再完整阅读。

教师：指一指，小老鼠在哪里？小企鹅在哪里？

（3）教师逐页阅读图画书，引导宝宝学习回答"哎"。

2. 教师用多种方式鼓励宝宝学习回答"哎"。

（1）教师喊宝宝的名字，被喊到的宝宝要回答"哎"。

（2）养育人扮演不同的角色喊宝宝，宝宝回答"哎"。

养育人：我是爸爸，爸爸喊宝宝，宝宝要回答"……"。我是妈妈，妈妈喊宝宝，宝宝要回答"……"。

鼓励宝宝回答"哎"。

3. 教师出示动物拼图，鼓励宝宝给拼图配对。

（1）教师拿着 2 片拼图，给每位宝宝观看。

教师：狮子的头，狮子的身体。

（2）教师示范将 2 片拼图拼在一起。

教师：狮子的头和身体连在一起。

（3）宝宝尝试将 2 片装拼图组合在一起，也可以和同伴换着玩一玩。

（4）教师喊拼好的动物，宝宝模仿动物回答"哎"。

教师：狮子。

宝宝：哎！

五、运动时光：走小桥套圈

1. 教师介绍游戏玩法，并示范过拱形桥。

教师：这是一座弯弯的桥，宝宝要过桥，宝宝自己走，也可以扶着栏杆走。过了桥，宝宝拿一个圈，套在大象鼻子上。

2. 宝宝自由过桥、套圈。

六、道别时光：详见 13—18 个月亲子活动固定流程

☞养育人观察宝宝能否看教师的书、听教师讲故事，能不能学习回答"哎"。如果宝宝不愿意看教师的书，对书的画面不感兴趣，养育人根据宝宝的阅读习惯和阅读场景分析原因，用语言引导宝宝看书中的画面、指认书中的内容；如果宝宝能跟随看书，但是不跟随回答"哎"，养育人可以语言示范"哎"，鼓励宝宝模仿。

☞养育人用不同的形式、不同的身份鼓励宝宝学习在别人喊自己的名字时回答"哎"。

☞2 片的拼图适合此年龄段宝宝的发展水平，组合拼图时可以锻炼宝宝的空间思维能力，锻炼宝宝五指抓取的能力。

☞此前，宝宝已经有过很多次练习独走的经验，拱形桥比平地行走难度大，宝宝需要更多的腿部力量来走坡度。

☞养育人观察宝宝是否有目的地进行套圈，能否套准。

活动 材料

2片装动物拼图　　　　拱形桥　　　　大象套圈

故 事

大声回答"哎"

[日]佐佐木洋子　文

蒲蒲兰　译

小老鼠～哎！真棒！小老鼠答应得好神气！

小企鹅～哎！真好！小企鹅答应得真可爱！

小兔子～哎！真好！小兔子答应得真响亮！

小猪～哎！真棒！小猪答应得真高兴！

小熊～哎！大家答应得都很棒！

活动十：抓星星

⭐ 宝宝目标

1. 学习用"一把抓"的方法抓住、拔下夹子。

2. 在成人的语言和动作提示下，学说"夹子"或用动作表现夹子。

养育人目标：

1. 用语言和动作鼓励宝宝寻找夹子并用"一把抓"的方法抓夹子。

2. 鼓励宝宝尝试说"夹子"或用动作表现夹子。

26

⭐ **活动准备**

1. 彩虹伞 1 顶。

2. 人手一份材料：塑料夹子 6—8 个，小筐 1 个。

⭐ **活动过程**

一、接待时光 ⎫
二、问候时光 ⎬ **详见 13—18 个月亲子活动固定流程**
三、韵律时光 ⎭

四、温馨时光

1. 教师出示夹子，引起宝宝兴趣。

（1）教师示范捏夹子的动作，让宝宝近距离观察夹子的变化。

教师：夹子夹子大嘴巴，夹子夹子大嘴巴。

（2）教师鼓励宝宝用动作模仿夹子张开的样子。

教师示范拇指和其余四指张开、对捏的方式。

2. 教师示范"抓星星"的动作。

（1）教师边将夹子夹在身上边说：一颗两颗三四颗，快把星星抓下来。

（2）教师走近每个宝宝，鼓励宝宝抓下一个夹子。

3. 教师引导养育人用不同方式逗引宝宝进行互动游戏。

（1）养育人把夹子夹在自己的身上，鼓励宝宝把夹子拔下来。

（2）养育人把夹子夹在宝宝的衣袖上，让宝宝寻找自己身上的夹子并拔下来。

（3）养育人在宝宝背后夹上夹子，宝宝之间互相拔夹子。

五、运动时光

1. 教师出示彩虹伞，示范"抓星星"的动作。

（1）养育人帮忙把夹子夹在彩虹伞的边缘，将彩虹伞打开，举在宝宝头顶。

（2）教师："星星"空中挂，宝宝抓下来。

养育人关注要点：

☞ 养育人可以带着宝宝用身体的不同部位表示夹子张开、闭合的样子。

☞ 养育人观察宝宝愿不愿意从老师的身上抓下一个夹子，用什么方式抓下夹子，能不能抓下来。如果宝宝能一把抓下一个夹子，养育人可以和宝宝捏一捏抓下的夹子；如果宝宝不愿意抓或者抓不下来，养育人可以语言提醒宝宝用力抓；如果宝宝对抓夹子还是不感兴趣，养育人可以握住宝宝的手一起抓下一个夹子，激发宝宝的兴趣。

☞ 宝宝对于手部精细动作的控制还不完全，养育人要有层次性地锻炼其手部动作。"一把抓"的动作贴近宝宝的年龄特点，也有助于宝宝控制手指的力度和灵活性。

☞ 抓的动作可以发展宝宝手指的力量，在家中可以用不同大小、不同材质的夹子夹在衣服上、纸盒上让宝宝抓下来。

27

2. 养育人带领宝宝反复游戏后,将夹子放进小筐里送还给教师。

3. 教师带领养育人和宝宝一起在彩虹伞下玩钻跑游戏。

六、道别时光:详见 13—18 个月亲子活动固定流程

☞此游戏可以变换不同的方式、不同的位置,激发宝宝抓夹子的兴趣,发展宝宝的抓握能力。

一小筐夹子

活动十一:泡泡跳舞

宝宝目标

1. 尝试用粘贴的方法,将大小不同的圆形物体粘贴成一幅画。

2. 学会说"圆""泡泡"。

活动准备

1. 圆形物品(大大小小的圆盘、圆形盖,数量多于宝宝人数)。

2. 黑色底板(即时贴反贴)1 块(尺寸能满足所有宝宝材料粘贴的面积)。

3. 康定斯基《圆之舞》图片 1 张,电动泡泡枪 1 个。

4. 人手一份材料:不同颜色、不同大小的塑料(或

养育人目标:
1. 鼓励宝宝自己粘贴圆形图片,养育人用夸张的动作和表情欣赏宝宝的作品,给宝宝成就感。
2. 鼓励宝宝寻找生活中圆圆的物品,引导宝宝说"圆"。

压膜)圆片 6—8 片。

活动过程

一、接待时光
二、问候时光 } 详见 **13—18 个月亲子活动固定流程**
三、韵律时光
四、温馨时光

1. 教师出示各种圆形物品,引导宝宝观察。

(1)教师:圆圆的是什么? 像什么?

(2)每个宝宝自选一个圆形物品进行观察摆弄,鼓励宝宝互相交换进行摆弄。

(3)教师鼓励宝宝自由玩一玩圆形的物品。

教师总结:圆盖可以滚一滚,圆盘子可以顶一顶、转一转……

2. 教师出示康定斯基的《圆之舞》图片,引导宝宝观察画中图形、色彩及排列组合。

(1)教师:有一群图形宝宝在舞台上跳舞,我们来看看,是什么形状? 有哪些颜色?

(2)教师:看看,圆形宝宝是怎么排队的?

有的圆形宝宝手拉手站在一起,有的分开站,还有的靠在另一个圆形宝宝的身上了。

3. 教师介绍材料,鼓励宝宝和养育人共同完成《泡泡跳舞》的创作。

(1)教师出示黑色底板(即时贴反贴)。

教师鼓励每个宝宝用手摸一摸底板:摸起来黏黏的。

(2)教师介绍不同颜色、不同大小的圆形"泡泡"。

(3)教师鼓励宝宝在底板上粘贴"泡泡",学习制作方法。

教师:宝宝们把"泡泡"贴在这块黑色的舞台上,让"泡泡"也跳出优美的舞蹈吧。

(4)鼓励宝宝粘贴圆片,及时反馈宝宝创作过程中色彩、排列的变化。

4. 大家一起欣赏集体创作的作品《泡泡跳舞》。

养育人关注要点:

☞养育人引导宝宝认识生活中圆圆的物品,学习说"圆"或"圆形"。

☞养育人引导宝宝自由探索圆形物品的玩法。观察宝宝是否有目的地玩圆形物品;如果宝宝对圆形物品不感兴趣,养育人可以用语言和动作激发宝宝兴趣。

☞养育人观察宝宝是否愿意粘贴圆片,粘贴圆片时是先观察圆片排列位置还是随意粘贴。如果宝宝愿意粘贴圆片,且能有选择性地粘贴圆片位置,养育人可以鼓励宝宝粘贴大大小小的圆片;如果宝宝不愿意粘贴,养育人可以语言或者动作提示宝宝贴一贴;如果宝宝依旧对粘贴圆片不感兴趣,养育人可以拿着宝宝的手带着宝宝贴一贴。

☞养育人带着宝宝按颜色指认并尝试说"红泡泡""黄泡泡""绿泡泡"等。

29

五、运动时光:追泡泡

1. 教师出示泡泡枪,引起宝宝兴趣。

(1)教师用泡泡枪打出泡泡:泡泡飞一飞,宝宝追一追。

(2)鼓励宝宝追一追飘在空中的泡泡。

2. 养育人引导宝宝找空地方追跑,尽量不摔倒、不与他人碰撞。

六、道别时光:详见13—18个月亲子活动固定流程

> 宝宝独走能力进一步提升。在追逐泡泡的过程中,宝宝会快走、转动头部,这有助于他们控制原始反射,锻炼身体平衡感。追逐泡泡还能锻炼宝宝的视觉追踪能力。

活动材料

康定斯基的《圆之舞》

作品《泡泡跳舞》

电动泡泡枪

活动十二：游戏罐

⭐ 宝宝目标

1. 学习"两指捏"的方法捏住圆片,将圆片塞进游戏罐。

2. 知道塑料圆片投进游戏罐里摇一摇会发出声音。

⭐ 活动准备

1. 仿真娃娃1个。

2. 人手一份材料:不倒翁游戏罐1个(可准备不同动物造型),投币圆片10片,小筐1个。

> **养育人目标:**
> 1. 鼓励宝宝用"两指捏"的方法将圆片塞进游戏罐,在宝宝遇到困难时可用语言和动作提醒宝宝调整圆片或游戏罐的方向。
> 2. 用语言和动作引导宝宝做出摇游戏罐的动作。

⭐ 活动过程

一、接待时光

二、问候时光 详见 **13—18 个月亲子活动固定流程**

三、韵律时光

四、温馨时光

1. 教师出示不倒翁游戏罐,示范推倒不倒翁游戏罐。

(1) 教师:不倒翁有个大肚子,圆圆的,放在地上推一推,会打滚;摇一摇,不会倒。

(2) 宝宝自主探究、玩不倒翁游戏罐。

2. 教师出示小圆片,示范用"两指捏"的方法把圆片塞进游戏罐。

(1) 教师介绍小圆片。

教师:这是什么呀?

圆圆的,扁扁的,是小圆片。

(2) 教师示范"两指捏"的方法。

教师:小圆片想和小熊(不倒翁游戏罐)捉迷藏,躲到小熊肚子里。怎么躲进小熊肚子里呢? 小熊的头顶有一个缝缝,圆片可以躲进去。两指捏,转一转,对准缝缝放进去。左手放完,右手来。

(3) 教师走近每个宝宝,引导宝宝依次在教师面前放一次圆片。

3. 宝宝操作圆片,玩捉迷藏游戏。

(1) 宝宝学习用"两指捏"的方法将圆片塞进游戏罐。

(2) 教师鼓励宝宝探索圆片去哪了。

教师:圆片在哪里?

教师:宝宝摇一摇游戏罐,听一听。圆片就在小熊肚子里。

(3) 根据宝宝的兴趣,养育人可以引导宝宝之间交换不同造型的游戏罐,重复游戏。

(4) 游戏结束后,宝宝将游戏罐交还给教师。

五、运动时光:不倒翁

1. 养育人盘腿坐,宝宝坐在养育人的腿窝里。教

养育人关注要点:

☞ 宝宝之前活动中抓握的是球形物体,此活动提供的是扁平的圆片,旨在让宝宝感知物体的平面,丰富宝宝的"两指捏"经验,训练宝宝小手的灵活性和手眼的协调能力。

☞ 引导宝宝在游戏中学习"两指捏"。养育人观察宝宝能否将圆片塞进去;宝宝塞不进去的时候,观察宝宝能否调整游戏罐的方向或圆片的方向;如果宝宝没有目的地调整,养育人可以用语言提示转一转圆片或者游戏罐;若还不能塞进去,养育人再拿着宝宝的手学习调整方向,从而让宝宝成功地放入圆片。

☞ 养育人鼓励宝宝通过摇动游戏罐听到的声音感知圆片就在罐子里。在家中,养育人可以准备不同材质的物品放进罐子里,鼓励宝宝听听不同材质的物品在罐子里摇动发出的声音。

师边念儿歌边用仿真娃娃示范游戏玩法,和养育人一起做动作。

2. 教师带领宝宝和养育人同方向站,宝宝举起双手,养育人站在宝宝身后拉着宝宝的手,边念儿歌边做动作。

六、道别时光:详见 13—18 个月亲子活动固定流程

☞此活动通过不同形式的身体运动,锻炼宝宝的前庭平衡。

活动材料

不倒翁游戏罐和圆片

儿歌及玩法

不倒翁

玩法一:

　　不倒翁,翁不倒,(宝宝坐在养育人的腿窝里,养育人左右摇晃身体)

　　摇来摇去摇不倒。(养育人左右摇晃身体,身体两边倾斜再坐直)

玩法二:

　　不倒翁,翁不倒,(宝宝、养育人同方向站立,养育人拉着宝宝前后摇)

　　前前后后摇一摇,(养育人拉着宝宝前后摇)

　　左左右右摇一摇,(养育人拉着宝宝左右摇)

　　摇来摇去摇不倒。(养育人拉着宝宝转圈圈)

活动十三：种菜菜

 宝宝目标

1. 学习单手或双手将吸管插进蒸笼上的洞洞里。

2. 学说"种"和"拔"。

 活动准备

1. 粘球靶 1 块,粘粘球 20 个。

2. 小兔手偶 1 个。

3. 人手一份材料:有洞洞的蒸笼 1 个,吸管每人 10—15 根。

⭐ **活动过程**

一、接待时光
二、问候时光 详见 13—18 个月亲子活动固定流程
三、韵律时光

四、温馨时光

1. 教师出示小兔手偶,创设游戏情境。

(1)教师:变变变,是谁来啦?

(2)教师:小兔想吃长长的菜菜,我们来帮它种菜菜吧!

2. 教师出示蒸笼,引导宝宝观察蒸笼上的洞洞。

(1)教师:这是菜地,菜地上有什么呢?

(2)教师:洞洞在哪里? 用手指一指。

3. 教师出示吸管,演示每次拿一根吸管插进洞洞里

(1)教师:这是黄色的菜菜。菜菜要种进洞洞里。

(2)教师将蒸笼反扣在地垫上,演示每次拿一根吸管插进洞洞里,两只手交替游戏。

教师:我们一起种菜菜啦! 每次拿一棵菜菜,对准洞洞种下去,左手种一棵、右手种一棵。

33

4. 宝宝学习对准洞洞种菜。

（1）教师鼓励宝宝边种菜边学说"种"。

（2）宝宝种完菜后，养育人演示将菜菜拔出来，鼓励宝宝拔菜，学说"拔"。

5. 教师边念儿歌边和宝宝玩互动游戏"种菜菜"。

教师：种菜菜，种完菜菜洗菜菜；洗菜菜，洗完菜菜切菜菜；切菜菜，切完菜菜吃菜菜；吃菜菜，啊呜啊呜好香哦！

五、运动时光：拔萝卜

1. 教师出示粘着球的粘球靶，并固定在地面上。

教师：菜地（粘球靶）上有好多萝卜（粘粘球），宝宝拔一个萝卜送给爸爸妈妈吧。

2. 宝宝尝试将萝卜拔下来，并走到养育人身边将萝卜送给养育人。

六、道别时光：详见 13—18 个月亲子活动固定流程

📖 养育人观察宝宝能否将吸管对准洞洞插进去，能否坚持将所有吸管插完。如果宝宝能对准洞洞"种菜菜"，养育人可以将菜拔下来鼓励宝宝反复游戏；如果宝宝种不进去，养育人观察宝宝种菜的方法，是先观察洞洞还是直接种菜，养育人可以语言提醒宝宝对准洞洞种进去；如果在养育人提醒下宝宝还是种不进去，养育人可以拿着宝宝的手种菜，帮助宝宝感知并对准洞洞。

📖 养育人可以选择不同大小、不同粗细的材料给宝宝学习对准"插""拔"。比如把牙签对准小洞洞插进牙签罐。

📖 "拔萝卜"的动作需要宝宝"一把抓"，有力气地抓，锻炼宝宝手掌的力量。养育人可以根据宝宝的兴趣和能力，鼓励宝宝多次"拔萝卜"，并鼓励宝宝学说"拔"。

活动材料

"种菜菜"的蒸笼和吸管

"拔萝卜"的粘球靶和粘粘球

种菜菜

种菜菜、种菜菜,种完菜菜洗菜菜;（双手做向下种菜的动作）

洗菜菜、洗菜菜,洗完菜菜切菜菜;（双手做合在一起互搓的动作）

切菜菜、切菜菜,切完菜菜吃菜菜;（一手手心向上当菜板,另一只手与其垂直做切菜的动作）

吃菜菜、吃菜菜,啊呜啊呜吃光光!（双手放在嘴边抓一抓,张嘴巴啊呜啊呜吃的动作）

活动十四：小小马儿

 宝宝目标

1. 初步欣赏歌曲《小小马儿》,在成人的帮助下,被动感知音乐中小马慢慢地跑、快快地跑和瞬间停止。

2. 在成人的引导或带领下,学习说或用动作表现"快"和"慢"。

 活动准备

1. 发条小马 1 个,仿真娃娃 1 个。

2. 音乐《小小马儿》。

3. 人手一份材料：1 对腕铃,1 条毛巾毯。

 活动过程

一、接待时光 ⎫
二、问候时光 ⎬ 详见 **13—18 个月亲子活动固定流程**
三、韵律时光 ⎭
四、温馨时光

1. 教师出示小马,熟悉儿歌内容,激发宝宝兴趣。

（1）教师用发条小马逗引宝宝,鼓励宝宝向小马

养育人目标：

1. 通过轻拍宝宝身体各部位,引导宝宝感受小马快快地、慢慢地走和瞬间停止的状态。

2. 能够依据音乐的速度,做出快和慢的动作,并引导宝宝感知走和学说"快""慢"。

养育人关注要点：

让宝宝多听音乐并渐渐喜欢音乐,在养育人的引导下感受音乐的不同,有快的、慢的、停顿的。养育人通过和宝宝面对面进行互动,增进亲子感情。宝宝在情境中学习词汇,在音乐活动中感受快慢并学说"快"和"慢"。

问好。

（2）教师出示发条小马，引导宝宝关注小马向前移动的轨迹。

（3）教师边念儿歌边操作小马有节奏地走。

2. 教师出示腕铃，引导宝宝寻找声音，感受腕铃摇动发出的声音。

（1）教师走近宝宝，在宝宝身后摇动腕铃，鼓励宝宝主动寻找声音来源。

（2）养育人持一对腕铃，摇动腕铃，鼓励宝宝用耳朵听声寻铃。

3. 熟悉歌曲，宝宝用身体不同部位感知音乐的节奏。

（1）养育人把腕铃系在宝宝双脚上，教师念儿歌，养育人握住宝宝双脚被动跟随音乐节奏上下踩踏。

（2）教师播放歌曲《小小马儿》，宝宝被动跟随音乐节奏双脚一起上下拍动，在播放到音乐最后一句时，养育人扶住宝宝腋下让宝宝跳起来。

（3）养育人握住宝宝的手被动地在自己的腿上跟着音乐节奏打拍子。

（4）养育人引导宝宝自己解开腕铃，还给教师。

4. 教师利用仿真娃娃边示范边讲解游戏玩法。

（1）宝宝坐在养育人的膝盖上，和养育人面对面。

（2）养育人抓握住宝宝的手按节奏上下轻微弹跳膝盖。

（3）在"跳起来"处膝盖顶起到最高。

（4）在"你真好"处直接放平双腿。

5. 养育人站起来背着宝宝跟随音乐节奏由慢到快地模仿小马跑。

（1）宝宝背靠养育人站立，养育人反手握住宝宝腋下，顺时针方向甩动宝宝至后背，使宝宝平稳地趴在养育人后背上。

（2）教师带领养育人和宝宝跟随音乐节奏围圈站立，养育人背着宝宝由慢到快地跑。

（3）在播放到音乐最后一句时，养育人蹲下来，让

☞养育人观察宝宝是否关注小马，伸手指着发条小马，对着宝宝重复"马"，帮助宝宝建立语言和玩具的联系。

☞观察宝宝是否能寻找声音来源，养育人通过不断摇动腕铃吸引宝宝，引导宝宝追声，并尝试将腕铃找出来。

☞宝宝在养育人的动作下感受音乐节奏，通过有节奏的抚触增进亲子情感。

☞养育人通过改变动作的速度，让宝宝感受到"快"和"慢"的变化，并重复对应语言"快"和"慢"，帮助宝宝建立语言和速度之间的联系。养育人用夸张的口型面对宝宝多次重复词语，鼓励宝宝学说"快"和"慢"。

宝宝平稳地站在地上。

五、运动时光：毛巾毯"小小马儿"

1. 教师将毛巾毯平铺在地垫，让仿真娃娃平躺在毛巾毯上，教师与一位养育人合作抓紧毛巾毯两头，将娃娃抬起。

2. 教师与养育人合作，边唱歌边按节奏左右摇晃毛巾毯将宝宝摇起来。

（1）在唱到"跳起来"时，用毛巾毯将宝宝向上抬起。

（2）在唱到"你真好"时，用毛巾毯将宝宝向下落，并平稳放至地面。

六、道别时光：详见13—18个月亲子活动固定流程

☞感知宝宝是否喜欢坐小马。调整合适的动作幅度，鼓励宝宝参与活动。

☞观察宝宝是否愿意躺在毛巾毯上感受晃动，养育人可面向宝宝站立，增加宝宝的安全感，根据宝宝情绪调整摇动幅度，促进宝宝前庭发育。

活动材料

发条小马

腕铃

毛巾毯

歌曲

小小马儿

1=F 2/4

1 3 3̣ 3 | 2 4 5 | 7̣ 2 2 5̣ 7̣ | 1 3 5̣ 6̣ 7̣ |
小 小 马 儿 向 前 跑，跑 过 了 小 河 跑 过 桥，

1 3 3̣ 3 | 2 4 5 | 5 5 5 4 | 3 1 | 1 ‖
带 来 礼 物 带 来 草，跳 起 来，呀！你 真 好！

选自《妙事多音乐花园》

14 个月

37

活动十五：跟着米罗学画画

⭐ 宝宝目标

1. 学习用手指点、抹、绕等方式进行涂鸦。
2. 学说"黄色"，能指认黄色的物品。

⭐ 活动准备

1. 黄色小鸭手偶1个（可用其他黄色玩具代替）、垃圾桶1个。

2. 黄色海洋球1筐，贴有动物头像的纸盒1个。

3. 宝宝提前穿好护衣。

4. 人手一份材料：红、黄、绿色颜料，调色盒，"跟着米罗学画画"涂鸦底纸，湿纸巾，操作盘。

⭐ 活动过程

一、接待时光
二、问候时光 ⎫ **详见13—18个月亲子活动固定流程**
三、韵律时光 ⎭
四、温馨时光

1. 教师出示黄色手偶，帮助宝宝指认手偶上的黄色。

（1）教师：我是黄色小鸭子，今天我穿了一件黄颜色的衣服，宝宝们伸出小手指一指，我的身体哪里是黄颜色的？

（2）教师走近每个宝宝，依次让宝宝摸摸、指指哪里是黄颜色，鼓励宝宝说"黄色"。

2. 介绍手指涂鸦画：跟着米罗学画画。

（1）教师出示黑白底纸：这是大师米罗的画，宝宝今天要给大师的画添上颜色。

（2）教师出示颜料盒，介绍操作方法。

教师：黄色在哪里？颜料盒里还有哪些颜色？

教师：伸出食指，蘸蘸黄色颜料，对着底纸"亲一亲",还可以涂一涂。

今天请宝宝们用颜料和黑白画做朋友。

（3）教师示范在底纸上用手指蘸颜料作画。

（4）教师示范用纸巾擦手,然后换一种颜色在底纸上用手指作画。

3. 宝宝人手一份材料,养育人和宝宝共同创作手指颜料画。

（1）教师观察指导,用手指蘸取颜料在底纸上用点、抹、绕等方式进行涂鸦。

（2）作品完成后用湿纸巾擦手,并扔进垃圾桶。

（3）展示宝宝的作品,集体欣赏。

五、运动时光:小动物吃果果

1. 教师介绍游戏材料。

教师:小动物的肚子饿了,今天想吃黄色的果果（海洋球）。

2. 教师边示范边介绍游戏玩法。

教师:宝宝们从篮子里拿黄颜色的果果,走到放在另一头的小动物纸箱,喂黄色的果果。

3. 养育人带领宝宝多次游戏。

六、道别时光:详见 13—18 个月亲子活动固定流程

☞宝宝尝试用多种方式进行涂鸦,养育人观察宝宝是否愿意用手指在底纸上涂鸦,如果宝宝不愿意涂鸦,养育人可以先用语言提醒宝宝进行点、绕;如果宝宝还是不愿意在纸上涂鸦,养育人可以用动作示范点、抹,让宝宝模仿养育人动作进行涂鸦;如宝宝在养育人的动作指导下依旧不涂鸦,养育人可以试着拿着宝宝的手进行涂鸦。

☞此活动锻炼宝宝的反复独立行走的能力,养育人可以关注宝宝能否有目的地拿果果喂动物,是否愿意反复独立地走。

☞如果宝宝无目的地走,养育人可以先语言提醒;如果宝宝依旧不愿意,可以用动作帮助宝宝拿起果果喂动物,帮助宝宝了解任务。

活动材料

米罗的画

黄色手偶

活动十六：玩沙乐

 宝宝目标

1. 愿意在沙中寻找玩具，并想办法将玩具找出来。

2. 在成人的引导下，愿意用单字学说玩具的名称。

 活动准备

1. 建议在户外游戏。

2. 太空沙桌，玩沙模具（数量多于宝宝人数），干湿纸巾。

3. 宝宝提前穿好护衣。

4. 人手一份材料：可藏入沙中的玩具1筐（小汽车、小鸭、小球等），玩沙小铲子、小勺子。

 活动过程

一、接待时光
二、问候时光 ｝详见 13—18 个月亲子活动固定流程
三、韵律时光
四、温馨时光

1. 教师出示太空沙桌，引导宝宝观察、触摸太空沙子。

（1）教师：沙池沙池变出来！沙子是什么颜色的？摸上去什么感觉？

（2）教师鼓励宝宝在沙池中自由玩沙，充分感知沙子的特性，提醒养育人持续观察宝宝，引导宝宝用不同的动作玩沙，并提醒宝宝切勿将沙子放入口中，注意安全。

2. 教师出示模具，演示用模具压出形状。

（1）教师边讲解边示范：怎么用模具将太空沙压出形状？

（2）宝宝围在太空沙桌前尝试用模具压出形状。

3. 教师给每位宝宝一筐小玩具，鼓励养育人藏玩具，观察宝宝能否想办法将玩具找出来。

养育人目标：
1. 观察宝宝是否愿意寻找玩具，并坚持找到玩具。
2. 用动作、语言引导宝宝坚持寻找玩具，鼓励宝宝学说"车""球""鸭鸭"等玩具名称。

养育人关注要点：
☞ 与生活中的沙相比，太空沙材质较细软，更易塑形，养育人可观察宝宝是否愿意接触。在观察、触摸的过程中引发对新材料的兴趣，通过藏、玩、找的游戏活动，充分感受太空沙的特性。

☞ 养育人可以先带着宝宝认一认玩具有哪些，再让宝宝看着把玩具藏起来，鼓励宝宝用自己的方法找出来，并说说玩具名称。

（1）教师：玩具也想玩沙子，有哪些玩具呢？

（2）养育人与宝宝一起玩将玩具藏起来、挖出来的游戏。

4. 教师引导每位宝宝拿一张湿纸巾擦擦手。

（1）教师：手上有沙子怎么办？

（2）教师：每人拿一张湿纸巾，把手擦干净。

（3）养育人帮助宝宝擦手，检查是否擦干净。

五、运动时光：送玩具回家

1. 养育人引导宝宝将自己找到的玩具送到教师的小筐里，每次送一个。

2. 教师引导宝宝学说送来的玩具名称。

六、道别时光：详见 13—18 个月亲子活动固定流程

养育人观察宝宝能否想办法将玩具找出来：如果宝宝迅速将玩具找出来，养育人可将找出来的玩具再藏回去，或宝宝藏、养育人找，鼓励宝宝反复游戏。根据宝宝的游戏状态，调整游戏次数。如果宝宝找不到玩具，养育人需分析其背后的原因。可先尝试放慢藏的动作，让宝宝能看到藏玩具的位置，当宝宝熟悉游戏后，养育人可加快藏的动作。

养育人可观察宝宝是否理解且有目的地将玩具送给教师。在走动的过程中能否拿着玩具，平稳地从一边走到另一边。

活动 材料

玩具

沙桌

15 个 月

活动十七：哇！ 找到啦

 宝宝目标

1. 能跟随教师的讲述和翻阅图书的动作，观察图书中的小动物，感受"没有了""找到啦"。

2. 学习说或用动作表示"没有了""找到啦"。

 活动准备

1. 小兔、小熊手偶，宝宝帽子和外套各 1 件，仿真娃娃 1 个。

2. 人手一份材料：《哇，找到啦》图画书 1 本，发条跳跳蛙 1 个，不同颜色塑料碗 2 个，毛巾 1 条。

 活动过程

一、接待时光
二、问候时光 } 详见 13—18 个月亲子活动固定流程
三、韵律时光

四、温馨时光

1. 教师出示图画书，带着宝宝共同阅读《哇！找到啦》。

（1）教师引导宝宝关注故事中的主要角色。

教师：故事里有谁？

（2）教师完整讲述故事一遍，提醒养育人让宝宝

学会专注倾听故事。

（3）教师带领宝宝共同阅读图画书，指导养育人和宝宝共同说"哇，找到啦""哇，没有了"。

（4）养育人和宝宝共同阅读图画书《哇！找到啦》，养育人读图，宝宝指画面。

（5）宝宝尝试自己将图画书交还给教师。

2. 教师出示书中相关的小动物玩偶、帽子、毛衣和毛巾等物品。

（1）教师出示戴着帽子的小兔，引导宝宝观察。

教师：小兔在哪里呀？

宝宝上前到教师处把兔子找出来：哇，找到啦！

（2）教师出示穿着毛衣的小熊，并将小熊的脸用毛衣遮挡，引导宝宝找出小熊。

教师：小熊没有了、没有了。哇，找到啦！

（3）教师出示毛巾，引导养育人和宝宝捉迷藏。

教师：宝宝用手蒙住眼睛，1、2、3，打开小手，养育人一起说"哇，找到啦"。

3. 快乐的跳跳蛙。

（1）教师出示跳跳蛙：我是跳跳蛙。

教师走近每个宝宝，给宝宝看一看、摸一摸。

（2）教师引导宝宝认识跳跳蛙，发现发条的作用。

教师：我会跳一跳。

为什么没有跳？

跳跳蛙没有力气了，找到发条转一转。

（3）宝宝观察拧发条及跳跳蛙跳动的状态，并尝试将跳出去的跳跳蛙捡回来。

（4）游戏"跳跳蛙在哪里"。

教师边用一只碗扣住边讲解：跳跳蛙不见了！在哪里？指一指，打开看看在不在。

教师边用两只碗扣住跳跳蛙边讲解：跳跳蛙在哪里？在哪个碗里？有，还是没有？

（5）给每个宝宝一只碗，鼓励宝宝自己打开小碗看看有没有跳跳蛙。

（6）养育人拿两只碗和宝宝玩"跳跳蛙在哪里"的

养育人关注要点：

☞ 养育人观察宝宝能否理解"找到啦""没有了"，并指认对应画面。

当宝宝不理解时，可以有意识地重复语言"找到啦""没有了"。并指向对应的绘本画面。

当宝宝能够正确指认画面时，养育人可以鼓励宝宝说"没有了""找到啦"等词语。

☞ 观察宝宝能否理解游戏，鼓励其伸出手指指出小动物玩偶藏在哪里并将其找出。锻炼宝宝的观察能力和注意力。

☞ 养育人注意在每次将碗打开时重复"哇！找到啦"，帮助宝宝理解动作和语言之间的联系。

游戏。

五、运动时光：小脚踩大脚

1. 教师用仿真娃娃示范游戏玩法。

教师：宝宝和养育人脸朝前，宝宝站在养育人的脚背上，养育人牵牢宝宝的双手共同向前行走。

2. 养育人和宝宝一起玩，找空地方四散走，注意不和别人碰撞。

六、道别时光：详见 13—18 个月亲子活动固定流程

> 鼓励宝宝站在养育人的脚面上，双手拉住养育人的手保持平衡，不掉落。锻炼宝宝上下肢力量的同时，增加养育人与宝宝之间的亲密感。

活动 材料

发条跳跳蛙和碗

故事

哇！找到啦

[韩]许恩美　文

范鲁新　译

没有，没有，没有小兔子！

哇！找到啦。

没有，没有，没有小熊！

哇！找到啦。

没有，没有，没有小狮子！

哇！找到啦。

没有，没有，都没有！

哇！找到啦，都找到啦。

活动十八：撕小球

 宝宝目标

1. 在成人的引导下，学习撕纸的动作，能够把大块的面巾纸撕扯成小块。

2. 学习说"撕"，在成人语言指导下，能用动作表示撕。

 活动准备

1. 摸盒 1 个，大嘴动物盒 1 个，自制白色纸质小球（海洋球外面包裹沾水纸巾并晾干，数量多于宝宝人数），海洋球 1 筐。

2. 人手 1 个小筐。

 活动过程

一、接待时光 ⎫
二、问候时光 ⎬ 详见 13—18 个月亲子活动固定流程
三、韵律时光 ⎭
四、温馨时光

1. 教师从摸盒中拿出白色小球，引起宝宝撕小球的兴趣。

教师：球宝宝穿上了衣服，摸一摸小球的衣服软软的，凹凸不平的。

教师：怎么把小球变出来呢？

2. 教师走近每个宝宝，依次让宝宝尝试撕小球外衣。

（1）引导宝宝观察小球翘起来的边角，从缝隙

养育人目标：

1. 引导宝宝用拇指和食指配合撕开小球上的面巾纸，并尝试双手配合将面巾纸撕成小块。

2. 宝宝在撕纸时养育人可重复说"撕"，帮助宝宝建立动作和语言的联系。

养育人关注要点：

☞ 纸巾是生活中常见的物品，柔软且较为安全。柔韧程度刚好适合宝宝锻炼手指力量，方便撕开。

☞ 观察宝宝是否能够寻找翘边，用撕、扯、抓等动作撕开小球上的纸面。

着手。

（2）提醒宝宝和养育人，将白纸放进小筐中。

（3）引导宝宝先用手指抠出白纸，再用拇指和食指捏住撕下来。

3. 养育人和宝宝面对面游戏，鼓励宝宝将自己面前的小球都撕出来。

4. 引导宝宝将撕下来的纸片再次撕成条、撕成更小的碎片。

5. 养育人和宝宝一起将碎纸屑收集起来，向天空中飘散，观看纸屑轻轻掉落的现象。

（1）教师：宝宝们，我们一起把小小、碎碎的纸屑捡起来。看看，我收集了好多好多。

（2）教师：下雪了，看纸屑轻轻地飘落下来。

再捡起来，撒一撒，吹一吹。

（3）养育人带领宝宝抛撒纸屑。

6. 引导宝宝将散落的纸屑用手指抓捏的方式捡入筐中。

（1）带领宝宝寻找地上的碎纸屑，尝试用手将纸屑捡起来。

（2）养育人和宝宝尝试将纸屑团成团放入小筐中。

（3）养育人引导宝宝将小筐交还给教师。

五、运动时光：喂喂小动物

1. 教师带领宝宝走到动物盒面前，将手中的小球投放进动物的嘴巴。

教师：宝宝们，我们自己撕出来好多彩色小果子呀，快来找找小动物的嘴巴。

教师：我们一起来喂喂小动物吧！

2. 养育人带领宝宝重复游戏"喂喂小动物"。

六、道别时光：详见 13—18 个月亲子活动固定流程

☞宝宝如果没有找到撕开的方法，养育人可先撕开一角引导宝宝尝试撕纸。
宝宝如果是用整手抓扯的方式，养育人可引导宝宝用拇指和食指配合撕开。

☞宝宝熟练地用拇指和食指配合撕开小球后，养育人可引导宝宝将大块纸巾双手配合撕成小块。

☞养育人观察宝宝是否有收拾玩具的意识。用手指着纸屑，引导宝宝根据声音和动作的提示捡起小纸屑。养育人在家也可带着宝宝共同收拾玩具，帮助宝宝建立良好习惯的同时，也能促进其手眼协调的发展。

☞观察宝宝能否独立行走，通过反复捡果子锻炼宝宝从蹲到站的转换能力和独立行走的能力。

小筐、纸球

动物盒

活动十九：红球捉迷藏

 宝宝目标

1. 学习摇动罐子让罐中泡沫变多,将小球"藏起来"。

2. 学说"红球""红红的……"。

 活动准备

1. 3个大塑料盆(装有半盆清水和一些大小不同的红球),洗手液1瓶,干纸巾1包,垃圾桶1个。

2. 升降篮筐,皮球(数量多于宝宝人数)。

3. 人手一份材料:透明塑料瓶1个(装有二分之一清水)。

 活动过程

一、接待时光 ⎫
二、问候时光 ⎬ 详见 **13—18个月亲子活动固定流程**
三、韵律时光 ⎭
四、温馨时光

> **养育人目标:**
> 1. 用语言、动作鼓励宝宝单手或双手用力摇晃罐子,将小球"藏起来"。
> 2. 鼓励宝宝寻找身边的红色物品,练习"红球""红红的……"等发音。

1. 教师出示装有少量水的塑料瓶。

（1）教师：瓶子要和宝宝一起玩。看看，瓶子里有什么呀？

（2）教师走近宝宝，让宝宝观察瓶子里的水。

2. 教师边讲解边示范"摇摇乐"的玩法。

（1）教师出示红色小球，将小球装进瓶子里。

（2）教师摇动装有小球的瓶子，引导宝宝观看摇的动作。

教师：小球放进瓶子里，盖上盖子，摇一摇，小球游泳咯！

（3）教师将洗手液按压进瓶中，示范单手和双手摇动瓶子。

教师：摇一摇，有泡沫，再摇一摇，泡沫变多啦！

教师：红色小球去哪里了？

（4）教师打开瓶子，将瓶子里的泡沫和球倒进大盆里。

教师：看看，有白色的泡泡。

教师：红球就藏在泡泡里呢！

3. 宝宝人手一份材料玩"红球捉迷藏"游戏。

（1）宝宝将红球装进有一半水的瓶子，摇晃瓶子。

（2）教师给宝宝的瓶子里挤洗手液，宝宝继续摇晃。

（3）两个宝宝一个盆，将瓶子里的水倒进盆里，将所有红球都倒进盆里，宝宝用手拨开泡泡找红球。

4. 游戏结束后，宝宝用洗手液洗洗手，用干纸巾擦干手，将纸巾扔进垃圾桶。

五、运动时光：投篮

1. 教师示范投篮。

教师：宝宝拿一个球，对准篮筐放进去。

2. 教师根据宝宝投篮情况调整篮筐的高度。

六、道别时光：详见 13—18 个月亲子活动固定流程

养育人关注要点：

☞摇晃瓶子能锻炼宝宝手指抓握的力量和手臂的力量。

☞养育人观察宝宝能否抓紧瓶子摇晃、摇晃的方法、能否摇出泡沫。如果宝宝能摇动瓶子，养育人可以鼓励宝宝尝试单手或者双手摇晃；如果宝宝不愿意摇晃，养育人用语言鼓励宝宝摇一摇；如果宝宝抓不稳瓶子，养育人可以提醒宝宝双手配合摇或是养育人拿着宝宝的手一起摇；如果宝宝摇不出泡沫，养育人分析原因，鼓励宝宝加大摇晃的幅度和力度。

☞当宝宝晃动装有小球的瓶子时，他们会注意到瓶子内部小球的移动和变化，这有助于锻炼宝宝的注视能力。

☞养育人观察宝宝敢不敢拨开泡沫找球，能不能有目的地找球。

☞在尝试投篮的过程中，宝宝需要学会控制身体的平衡和稳定性，这有助于他们日后站立、行走和跑步等动作的发展。

活动 材料

透明罐与红色小球

活动二十：摘果果

 宝宝目标

1. 学习用力"摘"下胶带上粘贴的"果果"。
2. 在摆弄过程中，学说"果果"。

 活动准备

1. 建议在有树的户外场地开展活动。

2. 宽胶带 1 卷，乒乓球、海洋球 8—10 个，大龙球、篮球、按摩球、皮球等（数量多于宝宝人数），养育人人手一个有黏性一面的圈（用宽胶带交叉贴 2—3 条）。

3. 树干上缠有胶带，树干间贴高于宝宝头部 10 厘米距离的胶带条，黏性面朝下。

4. 纯音乐《一闪一闪亮晶晶》。

活动过程

一、接待时光
二、问候时光 〉详见 **13—18 个月亲子活动固定流程**
三、韵律时光

> **养育人目标：**
> 1. 用语言和动作引导宝宝用力"摘"下胶带上粘贴的"果果"。
> 2. 鼓励宝宝找到、摘下所有的"果果"，并学说"果果"。

> **养育人关注要点：**
> ☞ 宝宝需要养育人带领一起玩，所以养育人一定要全身心地投入活动。

四、温馨时光

1. 自由玩球。

（1）教师指导养育人带领宝宝选择操场上的大龙球、篮球、按摩球、皮球等，一起玩踢球、滚球、推球等游戏。

（2）养育人带领宝宝一起将各种球归还至指定位置。

2. 教师讲解"摘果果"的游戏内容，鼓励宝宝伸手"摘果果"，尝试从养育人手中将"果果"摘下。

（1）教师出示"果果"（海洋球、乒乓球），将"果果"举高于宝宝手臂向上伸直后能抓到的地方，并用语言鼓励宝宝摘一摘"果果"。

（2）养育人与宝宝互动，逗引宝宝抬头、伸手摘"果果"。

3. 教师引导养育人将"果果"粘贴在树干间的胶带上，鼓励宝宝将所有的"果果"摘下。

4. 宝宝自己将"果果"粘贴在树干间的胶带上，和养育人互动，一起将"果果"摘下。

5. 养育人带领宝宝将所有"果果"归还，并把一样的"果果"放一起。

五、运动时光：放松活动

1. 教师播放音乐，用语音和动作带领养育人和宝宝一起做放松动作。

2. 养育人根据宝宝喜好，随乐创编各种放松按摩动作。

六、道别时光：详见 13—18 个月亲子活动固定流程

☞养育人观察宝宝能否理解"摘果果"的游戏方法。如果宝宝能迅速理解游戏方法，则可增加颜色指令，手指"果果"说：摘一个×色的果果给我。

☞如果宝宝不理解，养育人可分析背后原因，提供不同的指导办法，如，边说边再次示范"摘果果"；如果宝宝仍不理解，可握住宝宝的小手"摘果果"，感知"摘"下所需要的力度。

教师鼓励养育人和宝宝一起玩"摘果果"游戏，看谁摘的"果果"多。当宝宝将伸手就能够得着的"果果""摘"下后，引导养育人可逗引宝宝在搀扶下够更高处的"果果"，只要宝宝愿意向更高处伸手，养育人可帮助宝宝摘下并给予宝宝正向反馈。

☞宝宝的活动遵循动静结合的原则，大肌肉运动后进行放松活动，有利于宝宝全身肌肉的松解与休整。养育人可以通过轻拍、按摩、抚触等方式，在帮助宝宝放松的同时增进亲子情感。

胶带上的"果果"

儿歌及玩法

放松活动

头儿头儿摇一摇,（养育人和宝宝面对面一起晃动头部）

腿儿腿儿拍一拍,（养育人和宝宝互拍腿部）

屁股屁股扭一扭,（养育人和宝宝一起扭屁股）

小脚小脚跳起来!（养育人和宝宝一起跳一跳）

活动拓展

如果户外场地没有树,环节3可使用户外运动器械连接胶带;如果没有户外场地,需在室内开展活动,可由两位教师撑起长条胶带配合游戏。

活动二十一：豆子搬家

 宝宝目标

1. 学习将芸豆从一个杯子倒入另一个杯中。

2. 在成人的引导下学说装、倒豆子发出的声音"哗"。

 活动准备

1. 纸盒小路1条。

2. 人手一份材料：1筐芸豆(10颗)，2个塑料杯。

3. 两人一份材料：1只装有芸豆的塑料大盆。

 活动过程

一、接待时光

二、问候时光 详见 **13—18 个月亲子活动固定流程**

三、韵律时光

四、温馨时光

1. 教师出示杯子，引导宝宝观察杯子。

(1) 教师引导宝宝将杯子套在拳头上，感知杯口的大小和杯身的深度。

教师：这是一个杯子，杯子侧面有一个小耳朵，是它的把手。

杯身上有个大嘴巴，能把东西装进去，看老师的手被装进去啦！

(2) 教师走近每个宝宝，依次让宝宝尝试将杯子套在教师的手上。

(3) 宝宝人手一个杯子，养育人模仿教师的动作，和宝宝一起玩杯子。

2. 教师出示一筐芸豆，示范用两指捏的动作将芸豆从筐里捡到杯子里。

(1) 教师示范两指捏芸豆的动作。

教师：这里有许多豆子，两根手指捏，看准了捏，看准了放。

（2）教师走近宝宝，引导宝宝用两指捏一颗芸豆放入教师杯中。

（3）宝宝人手一筐芸豆（内放 10 颗芸豆），宝宝"两指捏"将芸豆从筐里捡到杯子里。

3. 教师示范"芸豆搬家"，将芸豆从一个容器倒入另一个容器。

（1）教师示范抓住杯把，将杯子里的芸豆倒入筐里。

（2）宝宝尝试抓住杯把倒豆子，养育人拿着筐接住宝宝倒的芸豆，配合共同游戏。

（3）教师出示另一个杯子，示范两个杯子对倒的动作。

（4）养育人和宝宝一人拿一个杯子，宝宝倒芸豆，养育人接住，互相循环游戏。

（5）宝宝在养育人的引导下尝试练习用两个杯子倒豆子。

五、运动时光：豆子小路

1. 教师出示纸盒小路，宝宝用杯子将芸豆"搬家"运到"小路"上。

2. 教师边讲解边示范游戏玩法：宝宝从"小路"的一端走向另一端。

3. 养育人带领宝宝脚踩芸豆，一个接一个有序行走，反复游戏。

六、道别时光：详见 13—18 个月亲子活动固定流程

☞ 容器的口越小，对宝宝手眼协调能力的要求越高。养育人观察宝宝是否愿意倒豆子，能不能对准容器口倒豆子，能不能精准倒入。养育人可以帮助宝宝有层次地开展游戏：宝宝倒，养育人拿着杯子接；宝宝倒进放在固定地方的杯子里；宝宝双手握住杯子对倒。

☞ 养育人关注宝宝转动手腕"倒"的动作，在家可以准备杯子、勺子这样的物品，鼓励宝宝倒一倒、舀一舀。

☞ 宝宝可以参与游戏材料的布置，前面倒豆子的活动可以为后一个活动做准备。

☞ 走芸豆"小路"刺激宝宝的足底穴位，降低宝宝的触觉敏感度。养育人观察宝宝是否愿意在芸豆上走路，敢不敢走，能坚持走多久。养育人需循序渐进地让宝宝接受芸豆"小路"，可让宝宝先在"小路"上站一站，再跳一跳，最后慢慢地走过"小路"。

活动 材料

杯子与芸豆

纸盒小路

活动二十二：豆中寻宝

⭐ 宝宝目标

1. 愿意在芸豆里寻找玩具，想办法将藏起来的玩具找出来。

2. 学说"藏起来""找出来"，或者用动作表现出来。

⭐ 活动准备

1. 铁盒1个，大的塑料玩沙铲1把。

2. 两人一份材料：装有芸豆的塑料大盆1只。

3. 人手一份材料：藏入豆中的小玩具1筐（指偶、小汽车、小鸭、球等）。

⭐ 活动过程

一、接待时光

二、问候时光 ﹜ 详见 13—18 个月亲子活动固定流程

三、韵律时光

四、温馨时光

1. 教师出示装有芸豆的铁盒子，晃一晃引起宝宝

的兴趣。

（1）教师：宝宝听听、猜猜，这个盒子里有东西吗？

（2）教师上下晃动铁盒子，鼓励宝宝听声音。

（3）教师打开铁盒子：许多白色的豆子，是芸豆。

2. 教师通过动作示范，鼓励宝宝触摸芸豆。

（1）教师走近宝宝，给每位宝宝拿一颗芸豆。

（2）教师示范将芸豆放在手心：摸一摸，滑滑的；捏一捏，硬硬的。

（3）教师示范将双手伸进装有芸豆的盆中抓豆子并发出声响。

（4）养育人带领宝宝两人一盆玩芸豆，鼓励宝宝抓一抓盆里的芸豆。

3. 教师边讲解边示范"豆中寻宝"的游戏方法，引导养育人和宝宝了解游戏过程。

（1）教师伸出双手，玩"藏小手"游戏。

教师：小手藏起来，变出来，豆子里面藏小手。

豆子里可以藏小手，豆子里还可以藏什么呢？

（2）教师出示玩具（指偶、小汽车、小球），示范"豆中寻宝"。

教师将三种玩具依次藏进芸豆盆中。

教师：玩具要躲猫猫啦！躲在哪里呢？

教师示范从芸豆中摸出玩具的过程。

教师：小手伸进豆子中，抓一抓、找一找，找到一个小玩具（让每个宝宝看一看）。

（3）每个宝宝一筐小玩具，养育人模仿教师的动作将玩具藏进豆子中，鼓励宝宝自己找出小玩具。

（4）宝宝自由玩一玩从芸豆里找到的玩具。

五、运动时光：炒豆豆

1. 教师出示铲子，引起宝宝兴趣。

2. 教师边念儿歌边铲宝宝的小脚。

教师：炒豆豆，炒豆豆，我炒的豆豆喷喷香，

噼里啪啦！噼里啪啦！噼里啪啦！砰！

3. 养育人配合教师，念到"噼里啪啦！噼里啪啦！噼里啪啦！砰！"时，铲子铲到谁，谁就在养育人的帮助

养育人关注要点：

☞观察宝宝是否愿意接触不同质地的材料。在接触芸豆的过程中，充分感受芸豆凉凉的、滑滑的、硬硬的特征。

☞养育人观察宝宝能否想办法将玩具找出来；如果宝宝迅速将玩具找出来，养育人可将找出来的玩具再藏回去，或让宝宝藏、养育人找，鼓励其反复游戏。根据宝宝的游戏状态，调整游戏次数。如果宝宝找不到玩具，养育人需分析其背后的原因。可先尝试放慢藏的动作，让其能看到藏的位置，当宝宝熟悉游戏后，养育人可加快藏的动作；如果放慢藏的速度宝宝仍找不到时，养育人在藏时可露出玩具部分结构，引导宝宝观察芸豆中的玩具在哪里；当养育人已提供寻找线索，宝宝仍找不出来或寻找玩具的兴趣不高时，养育人可抓住宝宝的手寻找玩具并拿出来，激发其游戏积极性。

☞养育人在家可以在不同材质的材料（如太空沙、棉花等）中藏玩具让宝宝找，让宝宝大胆地接触不同材料。在用手去抓取、摸索和辨别不同的物品的过程中提升手指的灵活性。

☞跳跃动作需要腿部肌肉的收缩和放松，这有助于加强宝宝的腿部肌肉力量，为行走和跑跳打下基础。同时，跳跃还需要宝宝对身体的平衡和控制，这有助于提高他们的身体协调性和空间感知能力。

下蹦一蹦、跳起来。

六、道别时光:详见 **13—18 个月亲子活动固定流程**

 材料

藏在豆子中的玩具

玩沙铲

活动二十三：可爱的熊猫

⭐ 宝宝目标

1. 在成人的帮助下,愿意并尝试用海绵滚刷蘸取黑色颜料进行滚印。

2. 观察熊猫图片认识熊猫,并学说"熊猫",当成人说"黑色""白色"时能够指认熊猫身上对应的颜色。

⭐ 活动准备

1. 按摩球 1 筐(数量多于宝宝人数)。

2. 宝宝提前穿好护衣。

3. 人手一份材料:熊猫玩偶,白色卡纸(放入托盘里),熊猫镂空卡纸,黑色颜料,海绵滚刷。

⭐ 活动过程

一、接待时光 ⎫
二、问候时光 ⎬ 详见 **13—18 个月亲子活动固定流程**
三、韵律时光 ⎭

> **养育人目标:**
> 1. 养育人帮助宝宝在镂空模板上滚印黑色的颜料。
> 2. 通过语言和动作结合,鼓励宝宝指认黑色、白色,观察宝宝能否分辨黑色和白色。

四、温馨时光

1. 教师出示熊猫玩偶,激发宝宝的兴趣。

(1) 教师出示熊猫玩偶,宝宝观察熊猫身上有什么颜色。

(2) 养育人和宝宝一起说一说这是什么动物,它的身上有什么颜色。

(3) 养育人说:宝宝指出熊猫身上相应部位。(如:黑耳朵等)

2. 出示颜料和底板,用夸张的嘴型和动作介绍黑色和白色。

(1) 教师引导宝宝关注白色卡纸上什么图案都没有。

(2) 教师出示颜料和熊猫镂空卡纸。

(3) 出示黑色颜料,并对宝宝重复"黑色"一词。

3. 教师介绍玩法,养育人和宝宝观看。

(1) 教师出示不同样式的镂空熊猫卡纸,宝宝自主选择一个,贴于底板上。

(2) 教师出示海绵滚刷,邀请一名宝宝用黑色颜料在白色卡纸上滚一滚。

(3) 引导所有宝宝观察黑色颜料在镂空卡纸上留色的现象。

4. 养育人和宝宝互动操作,教师巡回指导。

5. 教师将宝宝作品上镂空的纸移开,展示、欣赏熊猫作品。

五、运动时光:熊猫滚球

1. 尝试模仿熊猫玩球的样子,在养育人的辅助下抱住按摩球。

2. 摸一摸、滚一滚按摩球。

3. 在养育人的逗引下将球再推给养育人,来回反复操作。

4. 养育人带领宝宝将球捡起来送回球筐。

六、道别时光:详见 13—18 个月亲子活动固定流程

养育人关注要点:

☞养育人在回答教师的问题时多次重复"熊猫"一词,引导宝宝认识熊猫并建立语言和物品之间的联系。

☞观察宝宝在养育人重复"黑色""白色"词语时,是否有意识地看向或者指向物品。宝宝如果能够听语言指向对应颜色卡纸时,养育人可引导宝宝学说"黑色""白色"。宝宝不清楚黑色、白色时,养育人可边指向颜色边重复对应的语言。

☞养育人不要急于帮助宝宝操作,可让宝宝自由选择要贴的位置和刷印的位置,养育人移动画纸帮助宝宝对准镂空处。

☞养育人观察宝宝是否能够握住刷子前后滚刷黑色颜料。

☞按摩球不同于皮球、篮球、足球等常见球类。按摩球弹性较大,柔软并且有突起的按摩颗粒,能促进宝宝触觉发育。

 **活动材料**

熊猫镂空卡纸

颜料与滚刷

按摩球

活动拓展

养育人在家还可以继续和宝宝指认斑马、企鹅等动物,再次拓展指认黑色、白色,巩固宝宝对黑色和白色的认识。

活动二十四：搭搭布积木

 宝宝目标

1. 在成人的帮助下,愿意垒高 2—3 块立方体布积木。

2. 学习说"高高""推""倒掉了"。

 活动准备

1. 装布积木的箱子 1 个。

2. 人手一份材料:3 块立方体布积木(内含响铃款),1 条毛巾毯。

 活动过程

一、接待时光 ⎤
二、问候时光 ⎬ 详见 13—18 个月亲子活动固定流程
三、韵律时光 ⎦

> **养育人目标:**
> 1. 引导宝宝用 2—3 块布积木进行垒高,尝试反复推倒,再搭建布积木。
> 2. 养育人用动作、语言引导宝宝学说"高高""推""倒掉了"。

四、温馨时光

1. 教师出示一块布积木,引导养育人和宝宝一起探索布积木的多种玩法。

(1)教师从"宝贝箱"里变出布积木。

教师:摸一摸,软软的;摇一摇,有声音;看一看,有图案。

(2)教师给每位宝宝一块布积木,养育人和宝宝一起自主尝试用滚一滚、摇一摇、抛一抛等方法探索摆弄布积木。

2. 教师示范搭布积木。

(1)教师顺次出示布积木,示范用垒高的方法搭建布积木。

教师:一块布积木摆摆稳,盖出一层楼。

一块布积木架高高,盖出两层楼。

再放一块变三层。哇!我的高楼盖好了!

(2)教师示范推倒布积木:哎呀,高楼倒掉了!

引导宝宝学说:高高、推倒。

(3)教师一块接一块地出示三块布积木,用延长的方式拼搭"火车",并在宝宝面前推动"火车"。

3. 教师给每位宝宝一份布积木,养育人模仿教师的示范动作,带领宝宝反复玩搭高楼、推倒、搭火车等游戏活动。

4. 游戏完成后,将布积木归还到教师处。

五、运动时光:坐小车看高楼

1. 教师介绍游戏玩法:把毛巾毯当小车,宝宝坐在毛巾毯上,养育人抓住毛巾毯一端,一边走一边拉动毛巾毯前进。

2. 教师带领养育人和宝宝共同游戏。

六、道别时光:详见 13—18 个月亲子活动固定流程

养育人关注要点:

☞ 布积木体积较大,质地柔软,不容易误伤宝宝,适合宝宝双手或单手抓握操作。

☞ 观察宝宝是双手配合还是单手抓布积木向上垒高,能否用2—3块布积木进行垒高。当宝宝能用单手抓住布积木时,养育人可引导宝宝用双手进行垒高。

☞ 宝宝能够将布积木垒高时,养育人可引导宝宝轻轻地将布积木放在正上方。

☞ 养育人在推倒布积木的同时配上词汇"推"及"倒掉了",让宝宝知道他正在做的动作叫"推",之后发生的现象称为"倒掉了"。引导宝宝学说词汇。

☞ 宝宝坐在毛巾毯上时,养育人可根据宝宝情况调整速度和幅度。宝宝在毛巾毯上尝试控制身体,保持平衡,锻炼平衡能力和自我保护意识。

活动 材料

布积木

毛巾毯

16 个 月

活动二十五：趣玩气球

 宝宝目标

1. 学习用球拍赶气球、和成人一起用纱巾运球。
2. 学习说"赶球""运球"。

 活动准备

1. 音乐《旋转的波尔卡》。
2. 建议在空旷的户外场地开展活动。
3. 人手一份材料：气球 1 个，纱巾 1 条，塑料球拍 1 个(可用塑料棍、纸棍代替)。

⭐ **活动过程**

一、接待时光
二、问候时光 ┐ 详见 **13—18 个月亲子活动固定流程**
三、韵律时光 ┘
四、温馨时光

1. 教师出示气球，引导宝宝自由探索气球的玩法。
(1) 教师：这是什么？你们会用气球玩游戏吗？
(2) 养育人带领宝宝找空地方尝试多种游戏玩法。(头顶、手拍、嘴吹、脚踢等)
(3) 大家相互学习，拓展气球游戏的玩法。

养育人目标：
1. 鼓励宝宝尝试用不同的方式玩气球，手眼协调地用拍子赶球、拉着纱巾和养育人一起运球。
2. 鼓励宝宝在游戏中学习说"赶球""运球"，提高宝宝对语义的理解能力。

养育人关注要点：
气球是生活中容易获取的材料，它的颜色鲜艳、形状各异，能够吸引宝宝的注意力，促进他们对颜色和大小等基本概念的认知。

（4）集体游戏"顶气球"。

养育人拿一个气球举在宝宝头顶高度,宝宝纵身向上跳高,用脑袋顶气球。

2. 教师引导宝宝和养育人一起玩"传气球"游戏。

（1）坐在地垫上,听音乐随乐做放松动作(上下、身体两侧抖抖手,胸前绕绕手等,可自编动作或根据宝宝自发动作随机调整)。

（2）教师介绍游戏玩法:一个气球从教师开始,随音乐《旋转的波尔卡》传气球,音乐停止后气球到了哪个宝宝手中,哪个宝宝就和养育人表演一个气球游戏动作(可用自由游戏中的动作),游戏 3—4 次。

3. 教师出示塑料球拍,鼓励宝宝用球拍赶气球。

（1）教师:宝宝能用球拍让气球动起来吗？

（2）宝宝和养育人一起玩赶球的游戏。

五、运动时光:气球坐船

1. 教师介绍游戏玩法和游戏规则。

场地分为起点和终点,宝宝和养育人配合拉起纱巾做"小船",气球摆放在其中。

2. 游戏开始,宝宝和养育人配合,轮流站在起点处用纱巾兜住气球运到终点处。

3. 教师可根据情况,组织宝宝游戏一次,竞赛一次。

教师小结:气球还有很多种玩法,回家可继续游戏,共同探索不同玩法。

六、道别时光:详见 13—18 个月亲子活动固定流程

☞ 脚踢气球可以锻炼宝宝单脚站立和行走能力,而拍打气球则能够锻炼到手眼协调能力和反应速度。养育人观察宝宝是否愿意玩气球,用了什么方法玩气球,用了几种方法玩气球。如果宝宝愿意玩气球,养育人观察宝宝的游戏方法,在宝宝原有的基础上拓展其他方法积累玩气球的经验。如果宝宝对气球不感兴趣,养育人可以先语言鼓励宝宝玩气球;如果宝宝在提醒下还是不愿意玩气球,养育人可以用动作(如拍给宝宝、踢给宝宝等)和宝宝玩互动游戏。

☞ 养育人引导宝宝感受音乐,理解游戏规则和玩法。

☞ 养育人观察宝宝的实际游戏情况,给宝宝提出不同层次的赶气球的要求:球拍能碰到气球、球拍能把气球赶走、有方向性地赶球。

☞ 宝宝需要用手臂和手腕的力量来控制纱巾,使气球不掉下来,这有助于锻炼宝宝的上肢力量和灵活性。运球时宝宝需要调整身体的姿势来保持球的平衡,这有助于培养宝宝身体的平衡感和协调性。

活动 材料

气球

塑料球拍

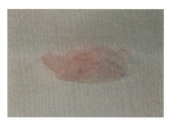

纱巾

活动二十六：小球掉下来

 宝宝目标

1. 学习摇晃盒子将小球摇出,并将掉落的小球捡回来放进盒子里。

2. 学习说"掉下来"。

 活动准备

1. 六通隧道 1 个,海洋球 20 个,仿真娃娃 1 个。

2. 人手一份材料:乒乓球 1 个,拴绳乒乓球 1 个,挖洞的纸盒 2 个。

活动过程

一、接待时光

二、问候时光   详见 13—18 个月亲子活动固定流程

三、韵律时光

四、温馨时光

1. 教师出示纸盒 1 和拴线乒乓球,玩"小球捉迷藏"的游戏。

(1) 教师示范一手拿盒、一手提绳,边从上方慢慢将小球放入纸盒的洞中边讲解:看小球！小球到洞洞

养育人目标:

1. 观察宝宝能否摇晃盒子将球摇出,可以鼓励宝宝通过摆动手臂、摇晃身体将小球摇出盒子。

2. 鼓励宝宝在观察球掉落的过程中学说"掉下来"。

里去了。

（2）教师走近每个宝宝，和宝宝玩"小球捉迷藏"的游戏，鼓励宝宝捉住盒底露出的小球。

（3）教师引导养育人和宝宝面对面游戏，鼓励宝宝从坐着将球放进洞中到站着放球。

2. 教师出示底部挖了洞的纸盒，鼓励宝宝摇晃纸盒让小球掉下来。

（1）教师示范将小球从纸盒的上面放进去，摇晃纸盒，小球从纸盒的底部掉出来。

（2）教师鼓励宝宝找到并捡回掉下来的小球。

（3）宝宝自由游戏，晃动纸盒让小球掉下来，并将滚出去的小球捡回来。

五、运动时光：滚小球

1. 教师拿着仿真娃娃，一边念儿歌一边带着仿真娃娃做动作。

教师：大球、小球，骨碌骨碌；大球、小球、骨碌骨碌，呜——大球滚走喽！呜——小球滚走喽！

2. 养育人边念儿歌边模仿教师的动作和宝宝游戏。

3. 捡小球：教师把球倒入六通隧道，鼓励宝宝爬进去把球捡出来。

六、道别时光：详见 13—18 个月亲子活动固定流程

养育人关注要点：

☞ 此活动训练宝宝手眼协调能力和动作的准确性。养育人观察宝宝是否愿意提着绳子将小球放进纸盒，能不能对准洞口放进去。如果宝宝在对准放进去有难度，可以由养育人放球，让小球漏出来给宝宝观察，培养宝宝的观察能力和五指抓握的能力。

☞ 养育人观察宝宝是否愿意晃动纸盒，用什么方法晃动纸盒，是否有目的地捡起掉出来的小球。如果宝宝晃动纸盒球没有掉出来，养育人鼓励宝宝加大摆动手臂、摇晃身体的幅度，将小球摇出盒子。如果球掉出来后宝宝没有捡起的意识，养育人可用语言提醒宝宝捡球，锻炼宝宝的任务意识。

☞ 养育人引导宝宝在操作同时发展走、蹲、站的能力。

☞ 六通隧道是一个陌生而有趣的环境。宝宝在爬行过程中，可以锻炼胆量、四肢的力量和协调性。宝宝需要通过观察和感知来判断隧道的出口位置，锻炼空间感知能力，建立初步的方向感。

活动 材料

挖洞纸盒1

挖洞纸盒2

乒乓球与拴绳乒乓球

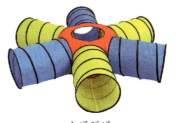

六通隧道

儿歌及玩法

滚小球

大球、小球,(托住宝宝的腋下,左右轻柔摇晃宝宝)

骨碌骨碌;(托起宝宝旋转一圈)

大球、小球,(托住宝宝的腋下,左右轻柔摇晃宝宝)

骨碌骨碌;(托起宝宝旋转一圈)

呜——大球滚走喽!(将宝宝高高举起,向前跑一段距离再放下)

呜——小球滚走喽!(将宝宝高高举起,转身往回跑一段距离再放下)

活动二十七:水果藏猫猫

⭐ 宝宝目标

1. 学习拿海绵印章在对折的画纸上用"按""抬"的方法用印出颜色。

2. 学说"按""抬"。

⭐ 活动准备

1. 毛巾1块,水果刀1把,水果盘1个,湿纸巾1包,垃圾桶1个。

2. 宝宝提前穿好护衣。

3. 人手一份材料:苹果(或者橘子、梨子等当季水

养育人目标:

1. 用语言和动作鼓励宝宝学习拿海绵印章用"按""抬"的方法盖印颜色。

2. 鼓励宝宝在压、印颜料的同时学说"按""抬"。

果),一面有镂空水果图案的对折卡纸,海绵印章1个,1盘与水果颜色相同的颜料,托盘。

 活动过程

一、接待时光
二、问候时光 } 详见 13—18 个月亲子活动固定流程
三、韵律时光
四、温馨时光

1. 教师和宝宝玩"水果藏猫猫"游戏。

(1) 教师出示苹果:这是一个苹果。

(2) 教师演示用毛巾盖住苹果,鼓励宝宝掀开毛巾找出苹果。

(3) 教师将苹果藏在身上的不同地方给宝宝找。

2. 宝宝每人一个苹果,和养育人一起认识、感知苹果。

(1) 养育人引导宝宝看看、摸摸、闻闻苹果。

(2) 养育人和宝宝轮流藏苹果,再找出来。

(3) 游戏过程中,养育人引导宝宝学说"苹果"。

3. 教师鼓励宝宝品尝苹果。

(1) 教师演示给苹果削皮、切块。

教师:苹果皮红红的,苹果肉白白的。

(2) 宝宝用湿纸巾擦手后,每人品尝一块苹果。

(3) 养育人鼓励宝宝学说"甜甜的"。

(4) 宝宝用湿纸巾擦嘴、擦手后,将湿纸巾扔进垃圾桶。

4. 教师出示海绵印章,帮助宝宝学习盖印。

(1) 教师走近每个宝宝,让宝宝摸一摸海绵印章。

教师:这是海绵印章,摸一摸,软软的。

(2) 教师出示一面有镂空水果图案的对折白色卡纸。

教师:水果宝宝就藏在这个纸片里,我们用海绵印章找到它。

(3) 学习用海绵印章盖印颜料。

教师示范用海绵印章在对折的卡纸上印出颜色,鼓励宝宝学说"按""抬"。

> **养育人关注要点:**
> ☞苹果脆脆的,锻炼宝宝的咀嚼能力。养育人观察宝宝是否愿意品尝苹果、能不能把苹果嚼碎吞下肚、能不能吃完一小块苹果。

> ☞养育人观察宝宝能否大胆盖印颜料、能否模仿教师的动作"按""抬"将画面盖满颜料。如果宝宝愿意盖印颜料,养育人可以鼓励宝宝盖满画纸;如果宝宝不愿意盖印颜料,养育人要分析宝宝不喜欢的原因,是不敢接触颜料、怕脏还是对任务不理解;如果宝宝在养育人的语言提醒下还是不愿意盖印,养育人可以拿着宝宝的手进行盖印,帮助宝宝感知盖印的动作。

（4）教师盖印完后掀起上层的画纸，露出苹果图案。

5. 教师鼓励宝宝自由大胆地用海绵印章盖印。

（1）教师给宝宝一份颜料，一个海绵印章，一个水果模版。

（2）鼓励宝宝大胆盖印，盖满卡纸。

（3）引导宝宝翻开上层卡纸，发现藏在卡纸里的"苹果"。

五、运动时光：藏猫猫

1. 教师讲解"藏猫猫"的游戏玩法。

（1）教师请一位养育人进行躲藏。

（2）教师鼓励宝宝去找躲起来的养育人。

2. 尝试交换角色，宝宝躲，养育人藏。

六、道别时光：详见 13—18 个月亲子活动固定流程

> 握住海绵印章，蘸取颜料，并在纸上进行盖印，有助于锻炼宝宝手指的抓握能力和手部协调性。

> 宝宝在寻找养育人的过程中，学习有目的、有方向、有速度地走。养育人躲起来也有助于锻炼宝宝的胆量，使宝宝愿意尝试在没有养育人陪伴的情况下行动。

活动 材料

镂空苹果卡纸、印章、颜料

活动 拓展

养育人可以在家给宝宝准备多种材料玩颜料，除了活动中运用的海绵印章，还可以用纸团、棉签棒、气球等进行盖印，也可以在废旧的报纸上、快递包装盒上盖印。

活动二十八：海绵宝宝

⭐ 宝宝目标

1. 在成人的引导下，通过抓、捏、按、挤等动作初步感知海绵软软的、能吸水的特性。

2. 在成人语言和动作的引导下，学说抓、捏、按、挤等词语。

⭐ 活动准备

1. 水（1瓶矿泉水），海绵火箭1筐（数量多于宝宝人数）。

2. 宝宝提前穿好护衣。

3. 人手一份材料：海绵玩具，小盆，干抹布或干纸巾。

⭐ 活动过程

一、接待时光 ⎫
二、问候时光 ⎬ 详见 13—18 个月亲子活动固定流程
三、韵律时光 ⎭

四、温馨时光

1. 养育人与宝宝自由玩游戏。

（1）教师手心里"变"出一个海绵。

（2）宝宝轮流摸、捏，并说说感受。

（3）宝宝人手一个海绵和养育人互动游戏。

如：猜猜海绵藏哪里了？（手心、衣服、口袋里……）

2. 师幼共同玩"海绵吸水"的游戏。

（1）教师出示小盆，倒点水。

（2）宝宝摸摸确认是水（此处给每人一块小抹布擦手）。

（3）教师将一块海绵放进去，按按、压压、转转，让宝宝看现象：水没有了。

养育人目标：

1. 引导宝宝认识海绵，鼓励宝宝说说海绵是"软软的"。

2. 鼓励宝宝用抓、捏、按、挤等动作玩海绵。

养育人关注要点：

☞ 养育人和宝宝一起将海绵挤压、捏小后藏起来，找出来，帮助宝宝充分调动感官，感受海绵软软的、能变形的特性。

☞ 养育人用语言和动作示范，鼓励宝宝用抓、捏、按、挤等动作玩海绵。

☞ 引导宝宝通过自己的操作感受海绵吸水的特性。

☞ 养育人用海绵吸完水后，引导宝宝说说、指指水去哪里了。如宝宝不理解水去哪里了，养育人可引导宝宝摸一摸海绵，感知海绵上有水；如宝宝仍不理解或不感兴趣，养育人可在宝宝面前，用手捏挤海绵，让宝宝看见水流下的过程，感知小盆里的水被海绵吸收了。

（4）宝宝们猜测水去哪里了，教师根据宝宝的猜测反馈，挤出海绵里的水。

3. 宝宝人手一个小盆，和养育人共同玩海绵。

五、运动时光：海绵火箭炮

1. 教师出示"火箭头"，让宝宝摸摸，感知这是海绵做的玩具。

2. 鼓励宝宝自己组装"火箭"，找空地方发射、游戏。

六、道别时光：详见 13—18 个月亲子活动固定流程

> ✍ 养育人可抓住宝宝双手，将火箭放在地上，向下按压发射"火箭头"；如宝宝不愿参与，可由养育人拿在手里，双手配合向上推"火箭头"。

> ✍ 养育人此时可引导宝宝追视"火箭头"飞出去的方向，并请宝宝将"火箭头"捡回来继续游戏。养育人可观察宝宝捡拾时蹲起的动作及身体的稳定性。

活动材料

海绵玩具

小盆

海绵火箭

活动二十九：啄毛毛虫

 **宝宝目标**

1. 学习用磁力啄木鸟将毛毛虫从洞中吸出来，并喂给小鸟吃。

2. 当成人念出"虫虫"的时候，学说词语并有意识地看向或指向毛毛虫。

 **活动准备**

1. 爬行隧道 2 个。

> **养育人目标：**
> 1. 养育人引导宝宝用啄木鸟的嘴靠近毛毛虫的头部，感受会吸起来的现象。
> 2. 养育人尝试多次重复"虫虫"一词，观察宝宝能否理解虫虫一词所代指的物品，并学说"虫虫"。

2. 人手一份材料：小筐 1 个，磁力毛毛虫玩具 1 套。

 活动过程

一、接待时光 ⎤
二、问候时光 ⎥ 详见 **13—18 个月亲子活动固定流程**
三、韵律时光 ⎦

四、温馨时光

1. 教师出示磁力毛毛虫玩具，引导宝宝观察毛毛虫所在的洞洞。

（1）教师出示毛毛虫玩具吸引宝宝观察。

教师：毛毛虫都藏起来了，宝宝能找到它们吗？

（2）教师：毛毛虫都在洞洞里怎么办呢？ 有什么办法可以让它们出来吗？

2. 提供磁力啄木鸟尝试将毛毛虫吸出洞洞，放入筐中。

（1）教师出示磁力啄木鸟，引导宝宝自主探索。

教师：我请来了好帮手，是一只啄木鸟。

教师：啄木鸟的嘴可以将虫子吸出来。

（2）引导宝宝想办法将有吸力的毛毛虫从啄木鸟嘴巴上取下。（如甩一甩，用手拿下等方法）

（3）将毛毛虫一条一条喂给小鸟吃。

3. 养育人和宝宝自主探索游戏材料，教师巡回观察并指导。

（1）教师：宝宝们也赶紧和爸爸妈妈一起试一试吧。

（2）宝宝尝试将毛毛虫放进洞洞里，重复操作。

五、运动时光：虫虫爬

1. 教师出示长长的爬行隧道。

2. 请一名宝宝表演手膝着地爬过隧道，从另一头出来。

3. 宝宝集体排队轮流游戏，养育人引导宝宝模仿虫虫的样子，爬过长长的爬行隧道。

六、道别时光：详见 13—18 个月亲子活动固定流程

养育人关注要点：

☞ 养育人带着宝宝回答，知道教师提问要回答。在家中也可尝试与宝宝对话，感受提问要应答。

☞ 养育人观察宝宝在拿不出毛毛虫时的解决方法。宝宝可能会反转将毛毛虫全部倒出，或者尝试抠弄。养育人可以通过动作引导宝宝使用磁力啄木鸟进行探索。宝宝能够顺利将虫虫吸出的时候，养育人可引导宝宝将虫虫喂给啄木鸟。

☞ 养育人尝试在宝宝操作或者拿取毛毛虫的时候，指着对宝宝说"虫虫"一次，帮助宝宝建立语言与物品之间的联系。同时还可提问宝宝"这是什么？"引导宝宝运用词汇回答。

☞ 爬行隧道有一定长度，宝宝通过手膝着地爬促进身体协调发展。通过活动锻炼宝宝的手脚协调能力和胆量，养育人可重点逗引宝宝前进，降低宝宝的不安感。

活动 材料

磁力毛毛虫玩具

爬行隧道

活动三十：小乌龟爬山坡

 宝宝目标

1. 借助成人的手由上至下、由下至上感受音乐上行和下行的旋律。

2. 学说"山顶""山脚"，并用动作表示。

 活动准备

1. 音乐《小乌龟爬山坡》。

2. 人手一份材料：自制斜坡1个（积木长板1块，一头架高），发条乌龟1个，"旋转盆"（乌龟壳）玩具1个。

 活动过程

一、接待时光 ⎫
二、问候时光 ⎬ 详见 **13—18** 个月亲子活动固定流程
三、韵律时光 ⎭
四、温馨时光

1. 教师出示发条乌龟，激发宝宝的兴趣。

（1）教师出示发条乌龟，让宝宝感受小乌龟慢慢

养育人目标：

1. 用手指游戏、身体游戏帮助宝宝体验"小乌龟爬山坡"的快乐。

2. 通过歌唱活动帮助宝宝感受"山顶""山脚"的上下位置关系，并学说"山顶""山脚"。

养育人关注要点：

☞对于1岁半左右的宝宝来说，学习歌曲可以让宝宝对音乐有一个初步的感性认识，悦耳的音乐可以激发宝宝的听觉神经。

爬的特性。

（2）每个宝宝拿一个发条乌龟玩。

（3）教师讲述故事：小乌龟出去玩，看到一个小山坡，它一步一步往上爬，爬呀爬呀，爬到了高高的山顶上。哎哟！一不小心，叽里咕噜、叽里咕噜，小乌龟滚了下来，又回到了低低的山脚下。

2. 教师表演"小乌龟爬山坡"游戏。

（1）教师边清唱歌曲边表演"小乌龟爬山坡"。

（2）宝宝和养育人共同拿着乌龟玩具在自制斜坡上玩。

3. 养育人和宝宝一起玩亲子游戏。

（1）玩法一：养育人用手在宝宝身上爬。听到歌词"爬到了高高的山顶上"时，手要爬到宝宝头顶；听到下行音阶，手从宝宝的头顶上滑下来，并哈宝宝痒痒。

（2）玩法二：宝宝和养育人面对面站着。养育人在歌曲前三句时抓住宝宝腋下，让宝宝跟随音乐节奏跳动，听到"爬到了高高的山顶上"时，把宝宝举过头顶，听到"叽里咕噜"时从上而下摇动宝宝。

五、运动时光：小乌龟

1. 教师出示"乌龟壳"（旋转盆），鼓励宝宝自由探索玩法。

2. 教师观察宝宝动作。

教师：它可以坐一坐、踩一踩、站一站、戴一戴、推一推。

3. 教师请个别宝宝表演探索动作。

（1）教师反馈顶在头上走、坐在里面、推着走等宝宝的自发动作。

（2）宝宝坐在"乌龟壳"里四肢舒适地挂在"乌龟壳"边，养育人转动"乌龟壳"。

（3）养育人推着或拖着"乌龟壳"行进等。

（4）宝宝尝试自己将"乌龟壳"交还给教师。

六、道别时光：详见13—18个月亲子活动固定流程

☞发条玩具锻炼宝宝手指的力量和手腕转动能力。养育人观察宝宝是否愿意玩乌龟玩具、用什么方法让乌龟爬起来、能不能转动发条。如果宝宝能拧动发条让乌龟跑起来，养育人可以鼓励宝宝捡回乌龟反复游戏，锻炼宝宝蹲站的动作。如果宝宝对玩具不感兴趣，养育人可用语言鼓励宝宝关注小乌龟，学习拧一拧；如果在养育人的提示下宝宝拧不动发条，养育人可以动手辅助宝宝感受拧发条的动作。

☞养育人观察宝宝是否愿意放手让小乌龟滑下斜坡，及宝宝能否追视小乌龟的运动轨迹。

☞养育人观察宝宝是否愿意和养育人在音乐中互动游戏，宝宝的情绪是否愉快。音乐中，养育人可以伴随着"叽里咕噜"等这样的拟声词，丰富宝宝的语词，鼓励宝宝学说"山脚""山顶"。

☞养育人用语言、动作拓展宝宝的思路，让其感受到同一种物品可以有不同玩法。养育人通过不同方向、不同力度的旋转，帮助宝宝锻炼平衡能力。

活动 材料

发条乌龟

乌龟壳

歌曲

小乌龟爬山坡

1=D 4/4

佚名 词/曲

1 1 2 3 3 4 5 5 5 3 | 2 2 3 4 4 2 3 4 5 |
小乌龟 背着那 重重的 壳， 一步 一步 往上 爬，

4 5 6 6 5 6 7 7 | 5 5 6 7 7 7 1 1 1 |
爬呀 爬呀 爬呀 爬呀， 爬到了 高高的 山顶 上。

1 7 6 5 7 6 5 4 6 5 4 3 5 4 3 2 | 5 5 5 6 5 1 1 1 |
叽里咕噜，叽里咕噜，叽里咕噜，叽里咕噜，又 回到 低低的 山脚 下。

活动三十一：刺猬运果果

宝宝目标

1. 学习用手指蘸印泥，点画"果果"。
2. 尝试模仿说书中的"刺猬""果果"。

活动准备

1. 自制《刺猬》图画书1本。

养育人目标：

1. 鼓励宝宝用食指蘸取印泥在刺猬身上点印"果果"。
2. 观察宝宝能否看老师的书、听教师讲故事，鼓励宝宝伸手指认图书上的刺猬和果果。

2. 雪花片1筐,湿纸巾1包,垃圾桶1个。

3. 宝宝提前穿好护衣。

4. 人手一份材料:点画"果果"的刺猬底图1张(放入托盘中操作),红印泥1盘,固定在底座上的吸管1个。

 活动过程

一、接待时光
二、问候时光 } 详见 **13—18 个月亲子活动固定流程**
三、韵律时光
四、温馨时光

1. 教师和宝宝共同阅读图画书《刺猬》。

(1) 教师引导宝宝认识书中的刺猬。

(2) 教师边讲故事边手指画面给宝宝看。

阅读过程中,教师强调刺猬身上有刺,刺猬喜欢吃果果。

翻到相应页面时,教师引导宝宝逐一指认刺猬在哪里、果果在哪里,学习说"刺猬""果果"。

(3) 宝宝跟随教师完整阅读图画书。

2. 教师出示点画"果果"的刺猬底图,帮助宝宝学习手指点画。

(1) 出示刺猬底图。

教师:宝宝,指一指刺猬在哪里。刺猬身上有没有果果?

教师:没有果果,我们一起给刺猬找找果果。怎么找呢?

(2) 宝宝学习手指点画的方法。

教师边操作边讲解点画方法:伸出手指头(食指),蘸上红印泥,在刺猬身上用力点一点,抬起来,一颗果果变出来啦!

3. 教师鼓励宝宝用手指点画的方法给刺猬运果果。

(1) 养育人鼓励宝宝食指用力在刺猬身上点果果。

养育人关注要点:

☞养育人鼓励宝宝指认并学说书中的"刺猬""果果"。

☞这个活动可以发展宝宝食指独立点按的能力,锻炼宝宝手指的独立性和单个手指的力量。养育人在活动中观察宝宝手指能否用力、有意识地点按,根据动作分析宝宝的发展水平。

☞养育人观察宝宝是否愿意在刺猬身上点"果果",能否用食指用力在底图上点印。如果宝宝能用食指用力点印"果果",养育人可以鼓励宝宝在刺猬身上点好多"果果"。如果宝宝无目的地点印,养育人可以用语言提醒"在刺猬身上点一点果果";语言提醒后如果宝宝还是不愿意点印,养育人可以示范用食指点,带动宝宝模仿养育人的动作;如宝宝依旧不点印"果果",养育人可以尝试拿着宝宝的食指进行点印,激发其游戏的积极性。

（2）教师鼓励宝宝给小刺猬点印好多果果。

教师：小刺猬要吃好多果果，宝宝要多点一点果果哦。

五、运动时光：穿果子

1. 教师边讲解边示范游戏玩法。

（1）教师出示雪花片：小刺猬带回了许多果子。拿一颗看一看，圆圆的果子，中间有小洞。

（2）宝宝捡起"圆果子"，走到场地另一头（3米），将"圆果子"穿在固定好的"树枝"上。

2. 养育人陪同宝宝模仿教师的动作做游戏。

六、道别时光：详见 13—18 个月亲子活动固定流程

> "穿果子"游戏能锻炼宝宝独立地走一段距离，且"穿"的动作锻炼宝宝手眼协调能力。养育人在家也可以提供大孔的串珠让宝宝穿一穿。

活动 材料

红印泥

刺猬底图

"穿果子"材料（雪花片）

故事

刺 猬

大陆 文

哇，好大一颗毛栗子！

不是啦，我是小刺猬。

肚子饿了，去灌木丛里找点吃的吧。

看看，我找到了什么？ 是浆果。"咔咔咔"，真甜呀！

吃得好饱！ 现在我该回家了。

妈妈，妈妈，我给你带好吃的回来啦！

活动拓展

养育人在家也可以锻炼宝宝小肌肉的控制和力量,鼓励宝宝有目的地、有力量地用手指点印。除了可以用印泥,也可以用手指蘸颜料在纸板、泡沫等各种材料上点印,还可以让宝宝用手指戳一戳快递塑料包装材料气泡膜。

活动三十二:毛毛虫爬爬爬

⭐ **宝宝目标**

1. 在成人动作、语言的引导下,愿意用自己的方法爬进、爬出毛毛虫玩具。

2. 愿意听成人念儿歌,在听到"钻洞洞"时,学习做手指钻的动作。

⭐ **活动准备**

1. 不透明爬行隧道、半透明爬行隧道各1个。

2. 红、黄、绿色海洋球(数量多于宝宝人数)贴在有即时贴的大树背景板上。

⭐ **活动过程**

一、接待时光 ⎫
二、问候时光 ⎬ 详见13—18个月亲子活动固定流程
三、韵律时光 ⎭
四、温馨时光

1. 教师带着宝宝和养育人一起玩手指游戏。

(1)教师的食指变成"山洞",宝宝的手指变毛毛虫钻洞洞。

教师:指指指洞洞,变变变虫虫。虫虫出来钻洞洞,虫虫虫虫不见了,虫虫虫虫出来了。

(2)宝宝和教师的手指"山洞"进行互动。

养育人目标:

1. 观察宝宝爬行动作是否协调,鼓励宝宝多爬行,穿过较封闭的空间。

2. 有节奏地念儿歌并帮助宝宝在儿歌念到"钻洞洞"时,做出相应动作。

养育人关注要点:

☞与宝宝互动时养育人边念儿歌边观察,宝宝是否有意识地做出食指找"洞洞"的动作或意向。当宝宝的手指无法独立伸出时,养育人可以用手辅助,帮助宝宝理解手指游戏。当宝宝有意识地伸出手指却没有和养育人互动时,养育人可将手变成"山洞"去寻找虫虫。

（3）养育人引导宝宝两只手的手指都做一做虫虫钻洞洞的动作。

2. 教师邀请宝宝变成毛毛虫钻过不同透明度的隧道，摘取好吃的"果子"（海洋球）。

（1）教师请个别宝宝表演钻爬动作，反馈手膝着地爬、手脚着地爬、坐着挪动钻行等不同的动作。

教师：我们刚才像一群可爱的毛毛虫在玩爬来爬去的游戏。

教师：现在毛毛虫要穿过一个长长的隧道才能到达果园。让我们一起出发摘"果子"。

（2）教师邀请一个宝宝表演穿隧道摘"果子"的方法：爬过隧道，摘下"果子"放在篮子里，再从旁边走回来从头爬隧道。

3. 循环游戏"好饿的毛毛虫"。

（1）教师：我们都是好饿的毛毛虫，要一起出去找吃的。

（2）教师请所有宝宝变成毛毛虫钻过隧道，一起在大树背景板上将"水果"摘下来放进篮子里。

（3）养育人引导宝宝有序循环游戏。

五、运动时光：有趣的山洞爬一爬

1. 放松游戏"有趣的山洞爬一爬"。

（1）教师引导养育人讨论用身体变"山洞"的方法。

（2）教师带领养育人在场地上变出各种造型的"山洞"，宝宝们在其中任意爬行、穿梭。

2. 游戏结束后，养育人和宝宝随乐做放松动作。

放松动作包括：坐下来相互捏一捏、揉一揉、捶一捶腿，躺下来伸伸胳膊、踢踢腿等。

六、道别时光：详见 13—18 个月亲子活动固定流程

> 🐛 不同透明度的隧道对于宝宝的挑战不同，相对密闭的空间和爬行不透明隧道带来的短暂分离，可以帮助宝宝提高胆量、发展空间认知能力。

> 🐛 养育人引导宝宝拿取"果子"的同时爬过隧道，增加爬行难度，更好地发展宝宝的视觉、触觉和空间认知能力。

> 🐛 观察宝宝能否有意识、有目的地爬向目标，够拿"果子"，并独立爬行穿过较封闭的空间。如果宝宝不愿意向前爬行，养育人可以在隧道口伸手或者探身子迎接。

> 🐛 养育人变成"山洞"对宝宝来说更有亲切感和互动感，锻炼宝宝四肢力量和协调能力的同时，还能增进亲子感情。

大树背景板

不透明隧道

半透明隧道

儿歌 及玩法

毛毛虫钻洞洞

指指指洞洞,(一只手食指指向另一只手握起的空拳)

变变变虫虫。(食指弯曲变成虫虫)

虫虫出来钻洞洞,(食指向空拳中心的洞洞靠拢)

虫虫虫虫不见了,(食指钻进空拳)

虫虫虫虫出来了。(空拳打开,露出食指)

活动 拓展

　　宝宝在家可以在不同质地的场地上爬行,可以尝试向不同方向爬行。在户外游乐园等地方,养育人可以鼓励宝宝在器械上进行钻爬。

17 个月

活动三十三：饼干变变变

 宝宝目标

1. 学习抓握木棍,对准木臼捣碎饼干,并用勺子将碎饼干舀进碗里。
2. 学说"香香的""脆脆的"。

 **活动准备**

1. 湿纸巾 1 包,垃圾桶 1 个。
2. 人手一份材料:点心盘内装 2 片圆饼干,木臼和木棍,小碗、小勺、小桌子、花球各 1 个。

 活动过程

一、接待时光
二、问候时光 } 详见 13—18 个月亲子活动固定流程
三、韵律时光
四、温馨时光

1. 教师出示圆饼干,让宝宝用多种感官感受饼干。

(1) 教师引导宝宝看看饼干,和养育人一起说一说:饼干圆圆的。

(2) 教师邀请每个宝宝用鼻子闻一闻饼干:香香的。

养育人目标:
1. 观察宝宝能否用手握紧木棍,捣碎木臼中的饼干并用勺子将碎饼干舀进碗里。
2. 宝宝吃饼干时,养育人可以重复词语"香香的""脆脆的",引导宝宝学说。

养育人关注要点:
☞ 引导宝宝通过自己的感官认识圆饼干,用语言"香香的""脆脆的"匹配宝宝的感受,帮助宝宝建立感受与词语之间的联系。

2. 教师请宝宝倾听咀嚼饼干发出的声音。

（1）教师出示湿纸巾，示范擦手的过程。

（2）教师拿出一片圆饼干，放在自己的嘴里，走近宝宝，让宝宝倾听教师咀嚼饼干的声音。

教师：饼干哪里去了？没有啦。听听声音"咔嚓、咔嚓"。

教师：饼干圆、饼干香，圆圆饼干脆又香，咔嚓、咔嚓，吃掉它！

（3）教师给每个宝宝一片饼干，引导宝宝说"香香的""脆脆的"，共同品尝饼干。

> ☞观察宝宝能否用一定的力量握紧木棍，对准木臼的圆口进行捶捣。

3. 教师出示木臼和木棍，引起宝宝注意。

（1）教师：圆饼干还能变成什么样？

（2）教师出示操作材料，引导宝宝认识木臼、木棍，示范"一把抓"的抓握方法。

（3）教师边引导宝宝观看用木棍捣木臼，边倾听捣出的声音：木棍对准木臼口，上下、上下捣一捣。听，有声音呢！

（4）教师让宝宝看看碗里的圆饼干变成什么形状了。

（5）教师用勺子将饼干碎舀进碗里。

（6）教师给每个宝宝发一份操作材料，引导养育人和宝宝面对面坐着进行游戏。

> ☞宝宝没有兴趣时，养育人可握着宝宝的手抓住木棍，对准大块的饼干进行捶捣，观察饼干的变化。宝宝愿意自己握紧木棍时，养育人引导宝宝对准木臼口进行捶捣。

4. 教师引导宝宝手眼协调地用勺子将捣好的饼干碎舀到碗里，并吃掉。

5. 宝宝听儿歌，感受膝上童谣的韵律和节奏。

（1）教师边示范边讲解亲子游戏玩法。

（2）宝宝坐在养育人的膝盖上，和养育人共同游戏。

> ☞养育人引导宝宝擦干净手口，带宝宝一同将吃完的点心盘送至教师处。宝宝坚持参与材料的收放和整理，有助于培养自理能力和自我服务的意识。

> ☞养育人观察宝宝是否愿意参加"吃饼干"的游戏，念儿歌时看着宝宝的眼睛进行互动。

五、运动时光：玩花球

养育人将花球变大变小、滚一滚等，吸引宝宝追着球跑、走。

> ☞养育人不用强调固定的玩球方法，吸引宝宝和球互动，引发宝宝运动的兴趣，发展有目的、有方向地行走，用手取物。

六、道别时光：详见 13—18 个月亲子活动固定流程

活动材料

木臼、木棍与圆饼干

花球

儿歌及玩法

圆饼干

饼干圆、饼干香，

圆圆饼干脆又香，

咔嚓、咔嚓，吃掉它！

动作建议：

宝宝面对养育人坐在膝盖上，养育人双手托住宝宝腋下。根据儿歌节奏养育人一下一下顶起膝盖，最后一句时养育人向后倒下，再坐起。

活动三十四：花花草草

⭐ **宝宝目标**

1. 学习用不同花型印章蘸颜料在"草地"上印花。
2. 学习说"花""红花""黄花"。

⭐ **活动准备**

1. 湿纸巾1包，垃圾桶1个。
2. 宝宝提前穿好护衣。

养育人目标：
1. 用语言和动作鼓励宝宝手握花型印章蘸颜料，在"草地"上印花。
2. 鼓励宝宝坚持印出许多花，边印边学说"红花""黄花"。

3.人手一份材料:8开素描纸1张(放入托盘),深浅绿色蜡笔各1支,调色盘(红、黄、蓝颜料),花型印章(把手上有颜色标记)3个,小筐1个,拖拉玩具1个。

⭐ 活动过程

一、接待时光
二、问候时光 } 详见 **13—18 个月亲子活动固定流程**
三、韵律时光

四、温馨时光

1.教师出示深浅不同的绿色蜡笔,鼓励亲子共同画出绿色的草地。

(1)教师:绿色蜡笔和白纸做游戏,变出绿草地。

(2)养育人与宝宝共同用绿色蜡笔在白纸上涂鸦,养育人可以有意识地画出长短线条表示小草。

(3)教师:小花园里只有绿色的草地,没有好看的花朵,怎么办呢?

2.教师出示花型印章,示范盖印方法。

(1)教师给宝宝观察印章的图案。

教师:这是什么呀? 印章上面是什么图案?

(2)教师介绍花型印章的作用。

教师:它能在纸上印出花朵的图案。

(3)教师拿出画有草地的底纸,示范用海绵印章印花。

教师:抓住把手,蘸颜料、印一印,哇! 变出一朵花。

(4)教师示范根据印章把手上的颜色标记将印章放回相应颜料的调色盘里。

3.宝宝自己握住印章的把手往草地上盖印花朵。

(1)教师鼓励宝宝放稳印章再印花朵。

(2)作品完成后,将印章放回相应颜色的盘子里。

(3)宝宝用湿纸巾擦手,并将用过的湿纸巾扔进垃圾桶。

五、运动时光:拉线小车

1.教师出示拉线小车玩具,营造游戏情境:我们

养育人关注要点:

☞ 用海绵印章印花锻炼宝宝小手肌肉的控制能力。宝宝前期有印画的经验,这次印画时要控制印章不移动,是对手部控制力的要求。

☞ 让宝宝参与游戏准备的全过程,大的纸张可以培养宝宝大胆涂鸦和大臂动作。

☞ 养育人观察宝宝能否印出完整的图案,能否说出自己印的是什么。如果宝宝不愿意印花,养育人可用语言提醒印一朵花;如果宝宝印出来的花朵不完整,养育人观察宝宝印的动作,用语言提醒按稳不移动;如果宝宝力量控制不好,养育人可以握着宝宝的手按下去,停留一下再抬起来,帮助宝宝感知印的力度。

☞ 拉线小车的活动会吸引宝宝的视线,促使他们追随玩具的活动,这有助于锻炼宝宝的追视能力。使用拉线小车的过程中,宝宝需要握住拉线且稳定地走,这对手臂和腿部力量锻炼有很大的帮助。

带着小汽车去花园里看花吧!

2.宝宝尝试一手抓小汽车、一手拉住绳子的一端,将小汽车平稳地放在地上,将线拉到最长后松开,观察小汽车拖拉起来的动态。

六、道别时光:详见 13—18 个月亲子活动固定流程

活动材料

花型印章

拉线小车

活动三十五: 母鸡找蛋

⭐ **宝宝目标**

1. 学习拎着篮子蹲、站捡起蛋宝宝。
2. 学说"鸡妈妈""蛋宝宝"。

⭐ **活动准备**

1. 建议在户外场地进行活动。
2. 鸡妈妈图片 2 张(1 张有蛋宝宝、1 张没有蛋宝宝),球篓 2 个。
3. 按摩球 2 筐,塑料玩具鸡蛋 1 筐(数量均为宝宝 4—6 倍左右)。

养育人目标:

1. 引导宝宝自己拎篮子,边走边寻找,能蹲下、捡起藏起来的鸡蛋。
2. 鼓励宝宝边捡鸡蛋边说"鸡妈妈""蛋宝宝"。

83

4. 人手一个篮子。

 活动过程

一、接待时光 ⎫
二、问候时光 ⎬ 详见 **13—18 个月亲子活动固定流程**
三、韵律时光 ⎭

四、温馨时光

1. 教师出示鸡妈妈和蛋宝宝的图片。

(1) 教师走近宝宝,鼓励宝宝指一指鸡妈妈、蛋宝宝在哪。

(2) 鼓励宝宝学说"鸡妈妈"和"蛋宝宝"。

2. 教师鼓励宝宝学习边念儿歌边做动作。

(1) 教师念儿歌《鸡妈妈和蛋宝宝》。

(2) 养育人引导宝宝跟随教师做动作。

3. 教师出示鸡妈妈的图片。

(1) 宝宝看图发现蛋宝宝不见了。

(2) 教师边出示鸡蛋边说:蛋宝宝藏起来了,宝宝帮忙找一找。

4. 每个宝宝拿一个篮子捡起藏起来的鸡蛋。

(1) 宝宝寻找鸡蛋并捡到篮子里。

(2) 养育人可引导宝宝从篮子里将鸡蛋拿出来数一数,送给鸡妈妈。

五、运动时光:母鸡下蛋

1. 教师在场地一头放装按摩球的筐,另一头放空球篓。

2. 教师带领一个宝宝边游戏边介绍玩法。

(1) 教师帮助宝宝双脚夹起一个"鸡蛋"(按摩球)。

(2) 教师从宝宝身后托住宝宝腋下将其抱起,快速向前跑至空球篓处。

(3) 宝宝打开双腿将"鸡蛋"掉进筐里。

(4) 教师放下宝宝后共同返回起点,再次反复游戏。

3. 养育人带领宝宝有序循环游戏,坚持将蛋运完。

养育人关注要点:

☞宝宝捡鸡蛋需要运用到蹲、捡、稳定地站等能力。相比之前的蹲站训练,本次游戏增加了捡鸡蛋的任务环节。

☞养育人观察宝宝是否愿意随教师一起念儿歌,能否模仿老师的动作学做小鸡的样子。

☞养育人观察宝宝是否有目的地找鸡蛋,能否稳定地蹲站捡鸡蛋。宝宝如果能独自找到鸡蛋,养育人鼓励宝宝发现更多藏起来的鸡蛋。如果宝宝忘记捡鸡蛋的任务,养育人可用语言提醒宝宝去找一找鸡蛋;如果宝宝找不到,养育人可以指一指鸡蛋在哪个方位,宝宝再去找。

☞捡鸡蛋放进篮子里也是锻炼宝宝的收纳能力。养育人在家可以让宝宝学习自己收拾家里的玩具,捡到收纳盒里。

☞当宝宝用双腿夹住球时,腿部肌肉会得到锻炼,这有助于增强腿部肌肉的力量。随着力量的增强,宝宝将在行走、跑步等活动中会更加稳健。

六、道别时光：详见 13—18 个月亲子活动固定流程

活动材料

鸡妈妈和蛋宝宝图片

玩具鸡蛋和篮子

儿歌及玩法

鸡妈妈和蛋宝宝

鸡妈妈，咯咯笑，（食指对碰做鸡嘴状）

窝里藏着蛋宝宝。（双手抱一抱）

蛋宝宝，圆溜溜，（双手变成圆）

静静躺在窝里头。（手合拢放耳边做睡觉状）

活动三十六：小小蛋儿把门开

宝宝目标

1. 能跟着歌曲学做"藏猫猫"的动作。
2. 学习说"藏""么儿"。

活动准备

1. 贴有鸡蛋图片的盒子 1 个。

养育人目标：
1. 鼓励宝宝倾听音乐，跟着音乐和养育人玩"藏猫猫"的游戏。
2. 蒙住宝宝眼睛时，鼓励宝宝说"藏"。

85

2. 音乐《小小蛋儿把门开》。

3. 人手一份材料：发条毛绒玩具小鸡1个，推蛋器1个(带有5个小球)。

 活动过程

一、接待时光
二、问候时光 ｝ 详见 **13—18 个月亲子活动固定流程**
三、韵律时光

四、温馨时光

1. 教师出示贴有鸡蛋的盒子(内装有毛绒玩具小鸡)，引起宝宝的兴趣。

(1) 教师摇晃盒子。

教师：宝宝听一听，这里面有东西吗？

教师：猜猜看，这里面有什么？

(2) 鼓励宝宝大胆表达盒子里的东西。

(3) 教师打开盒子，拿出发条毛绒玩具小鸡。

教师："鸡蛋"里面是小鸡。

2. 教师引导宝宝认识小鸡，并让小鸡跑起来。

(1) 教师给宝宝一个小鸡，鼓励宝宝摸一摸。

(2) 教师引导宝宝观察小鸡的外形特点。

教师：小鸡身上摸起来毛茸茸的。

(3) 教师鼓励宝宝试一试让小鸡走起来。

教师：小鸡肚子上有个发条，转一转，小鸡就能走起来了。

(4) 宝宝尝试自己转动发条让小鸡跑起来。

3. 教师清唱歌曲，引导养育人和宝宝跟随音乐玩游戏。

(1) 教师边慢速清唱歌曲，边根据歌词内容表演相应的动作。

(2) 养育人根据歌曲内容和宝宝互动游戏。

五、运动时光：推蛋

1. 教师出示宝宝推蛋器玩具，引起宝宝兴趣。

2. 教师示范推蛋器玩法。

(1) 教师将鸡蛋(圆球)撒在地上。

养育人关注要点：

☞ 发条玩具锻炼宝宝手指的力量和手腕转动能力。之前宝宝已经玩过类似的发条玩具，养育人观察宝宝是否愿意玩小鸡发条玩具、能否主动拧发条让小鸡动起来、否能转动发条。

☞ 养育人观察宝宝是否情绪愉快地和养育人在音乐中玩藏猫猫游戏、能否模仿养育人的语言学说"么儿"。如果宝宝喜欢听音乐且愿意和养育人互动，养育人可以和宝宝互换角色，让宝宝学小鸡的样子。如果宝宝表现出不积极的状态，养育人可以先用语言、动作学小鸡的样子逗引宝宝，再通过捉迷藏游戏鼓励宝宝学说"么儿"，激发宝宝游戏的兴趣。

☞ 这个游戏中，宝宝需要用手或身体其他部位推动推蛋器，使其滚动或前进。这一动作过程有助于锻炼宝宝手臂肌肉力量和行走的协调性。

86

教师:鸡妈妈的蛋宝宝散落在地上了,我们滚一滚推蛋器帮忙把蛋宝宝收起来。

（2）宝宝滚动推蛋器将散落在地上的蛋宝宝吸起来。

六、道别时光:详见 13—18 个月亲子活动固定流程

发条毛绒玩具小鸡

推蛋器

小小蛋儿把门开

陈镒康 词
王志刚 曲

1=E 2/4

```
1  3  | 1  3  | 1̲  5̱  5̱ · 5̱ -  | 3  5  | 3  5 |
小  小    蛋 儿    把  门  开,        开  出   一 只

3̲  2  2̲  2 -  | 1  3  | 1  3  | 5̲  4̲  4 - |
小    鸡 来,       毛 茸   茸 呀   胖  乎  乎,

5̲  5̲  4̲  4  | 3̲  3̲  2̲  2  | 7̱̲  5̱̲  6̱̲  7̱  | 1 - ‖
叽 叽 叽 叽    叽 叽 叽 叽    唱   起       来。
```

玩法一:

小小蛋儿把门开,（蒙住宝宝眼睛）

开出一只小鸡来,（打开手说"么儿"）

毛茸茸呀胖乎乎,（上下摸宝宝身体）

叽叽叽叽唱起来。（咯吱宝宝）

87

玩法二：

养育人站在宝宝身后，第一句，养育人双手蒙住宝宝眼睛，在"把门开"处打开双手说"么儿"；第二句，将宝宝举高高；第三句，手扶宝宝肩膀，左右摇晃宝宝；第四句，推着宝宝跑动。

活动三十七：纸团小球

 宝宝目标

1. 学习将纸巾抓、捏成小球。
2. 学说"抓""捏""纸球"。

 活动准备

1. 球门 1 个，大整理箱 1 个。
2. 人手一份材料：纸巾 5 张，透明胶带 1 卷，剪刀 1 把，球拍 1 个，小筐 1 个。

 活动过程

一、接待时光
二、问候时光 ⎫ 详见 13—18 个月亲子活动固定流程
三、韵律时光 ⎭
四、温馨时光

1. 教师出示纸巾，鼓励宝宝认识纸巾。
（1）教师走近宝宝，给每位宝宝摸一摸纸巾。
教师：这是一张纸巾，纸巾软软的。
（2）教师示范吹口气纸巾能飘起来。
2. 教师边讲解边示范将纸巾捏成小球。
（1）教师走近宝宝，给宝宝看抓、捏纸巾的动作。
教师：宝宝看我变魔术，抓抓抓，纸巾变成小球了。
（2）教师鼓励宝宝练习徒手抓。
教师：抓抓抓，小手抓一抓。

养育人目标：
1. 鼓励宝宝单手捏或双手配合捏纸巾，将纸巾团成小球。
2. 通过动作和语言，鼓励宝宝在捏纸巾时说"抓""捏""纸球"。

养育人关注要点：
抓捏纸巾能锻炼宝宝手指抓握的力量，发展手掌的力量。养育人观察宝宝是否愿意抓捏纸巾、能否有力地将纸巾抓捏成团。如果宝宝可以有力地抓捏，养育人鼓励宝宝尝试单手、双手抓捏；如果宝宝不愿意抓捏纸巾，养育人可用语言提醒放在手心里抓一抓；如果宝宝还是不愿意抓捏，养育人可以先做示范动作让宝宝模仿，或者拿着宝宝的手练习抓、捏的动作。

3. 教师鼓励宝宝抓、捏纸巾,将其变成球。

（1）宝宝每人一张纸巾,学习抓、捏纸巾变小球。

（2）宝宝学习抽纸巾,和养育人一起制作纸巾大球。

（3）养育人用胶带固定好宝宝团好的纸球。

五、运动时光:赶小球

1. 教师鼓励宝宝运用各种身体部位玩球,培养宝宝的发散性思维。

（1）教师鼓励宝宝自己玩球,观察宝宝玩球方法。

教师:可以踢一踢、扔一扔……

（2）教师:不用手和脚碰到球,怎样让纸球动起来。

（3）养育人说说自己的想法,拓展宝宝的相关思路。

2. 教师出示球拍,边示范边讲解"赶小球"游戏玩法。

（1）双手或单手抓握球拍把手,球拍对准纸球。

（2）用力挥动球拍,让纸球滚动起来。

3. 每个宝宝拿一个球拍,在场地上随意赶球。

养育人可以引导宝宝尝试将球赶进球门。

4. 游戏结束后,宝宝自己将球拍、纸球交还到教师处或放入大整理箱。

六、道别时光:详见 13—18 个月亲子活动固定流程

📖 抓握不同大小、形状和质地的物体,能够锻炼宝宝手指的灵活性和力量,提升手部肌肉的精细运动控制能力。除了抓捏纸团,养育人可以准备不同硬度、不同材质的物品给宝宝捏一捏、抓一抓。

📖 宝宝在用球拍玩纸团的游戏中体验了新鲜感,从尝试学习制作玩具的过程中萌发自己制作玩具玩的念头。赶球的同时发展了宝宝的快走动作和使用工具的能力,养育人在游戏时可以层层推进。

活动 材料

纸巾、透明胶带

球拍

活动三十八：春天的树

宝宝目标

1. 愿意用手指蘸颜料在纸上点画树叶。
2. 学说"绿色""树叶"。

活动准备

1. "春天的树"实物图片1张,湿纸巾1包,垃圾桶1个。
2. 教师、养育人、宝宝日常收集的树叶1箱。
3. 人手一份材料:1张吴冠中《春如线》底纸(放入托盘中),深绿、浅绿的颜料。

活动过程

一、接待时光
二、问候时光 详见**13—18个月亲子活动固定流程**
三、韵律时光
四、温馨时光

1. 提供"春天的树"的图片让宝宝指指、看看,引导宝宝说"绿色"。

(1)教师出示"春天的树"的图片,引导宝宝观察树枝上的绿叶,养育人和宝宝共同指指、说说看到了什么。

(2)教师指一指树叶告诉宝宝:绿色,这是绿色的树叶。

2. 欣赏吴冠中的《春如线》。

养育人和宝宝一同欣赏大师作品《春如线》,引导宝宝指一指绿色在哪里。

3. 介绍手指涂鸦画《春天的树》制作方法。

(1)教师出示黑白底纸:画面上有什么颜色?

(2)教师:黑色和白色是我们以前认识过的两种颜色。今天,我们来和绿色做朋友。绿色在哪儿呢?

养育人目标:
1. 引导宝宝能够使用手指蘸取颜料,在纸上进行点印。
2. 引导宝宝认识绿色,重复绿色的词语,尝试学说"绿色""树叶"。

养育人关注要点:
☞观察宝宝能否听懂养育人的指令,指认"春天的树"中的绿色部分。养育人多与宝宝互动交流,帮助宝宝建立语言与颜色之间的联系。

☞从小接触、欣赏、学习大师的作品,通过观看大师作品,感受画面中的线条和色彩。

（3）教师出示颜料盒，介绍操作方法。

教师：看看颜料盒里绿色在哪里？还有哪些颜色？

教师：伸出食指，蘸蘸颜料，对着底纸点一点、涂一涂。今天请宝宝们用颜料和黑白画做朋友。

教师示范在底纸上用手指蘸颜料作画。

4. 宝宝人手一份材料，养育人和宝宝共同创作手指颜料画。

5. 教师观察指导，鼓励宝宝大胆涂鸦。

6. 将所有宝宝的作品放于中间，大家共同欣赏。

7. 养育人帮助宝宝用湿纸巾擦手，并将用过的纸巾扔进垃圾桶。

五、运动时光：撒树叶雨

1. 教师出示收集的树叶。

2. 养育人引导宝宝用手抓一把树叶，向空中抛撒。

3. 宝宝再将地上的树叶捡拾收集，反复游戏。

六、道别时光：详见 13—18 个月亲子活动固定流程

> 观察宝宝是用手指还是用整个手掌蘸取绿色颜料。
> 宝宝用整个手掌进行按压涂抹时，引导宝宝伸出手指用指腹进行点画。
> 宝宝有意识地用手指进行点画时，引导宝宝坚持将整个画面点满。

> 在运动过程中，通过不断蹲站锻炼宝宝腿部力量的同时，向空中抛撒树叶，挥动大臂锻炼肌肉和手指的配合度，在最高处松开手，将树叶撒出。

活动 材料

吴冠中的《春如线》底纸

91

活动三十九：跳起来

⭐ 宝宝目标

1. 能跟着歌曲《跳起来》，双手拿着按摩球上下移动。

2. 在歌词"跳起来""飞起来"的时候把球举高。

⭐ 活动准备

1. 彩虹伞 1 顶，仿真娃娃 1 个。

2. 音乐《跳起来》。

3. 按摩球人手 1 个。

⭐ 活动过程

一、接待时光

二、问候时光 详见 13—18 个月亲子活动固定流程

三、韵律时光

四、温馨时光

1. 教师出示按摩球，引导宝宝感知按摩球。

（1）教师：这是按摩球，按摩球上面有小突起，伸手摸，不害怕；转一转，圆圆的；按一按，软软的。

（2）教师走到每个宝宝面前，让宝宝认识按摩球并摸一摸。

（3）每个宝宝自选一个按摩球，养育人观察宝宝自己探索、玩一玩按摩球。

（4）教师和宝宝们一起玩按摩球，并重点示范扔球的动作。

教师：在宝宝身上滚一滚；在地上滚一滚、推一推；双手抱球举高再松手向下扔球。

（5）宝宝自己把按摩球送还给教师。

2. 教师跟着歌曲《跳起来》用球进行表演，激发宝宝游戏的兴趣。

教师拿着按摩球，跟着音乐做游戏，上下敲击地

板,在"双手抓紧往上跳,我们一起飞起来"时,双手慢慢举高球至最高,将球扔出。

3. 教师带领养育人与宝宝一起用按摩球听音乐做游戏。

4. 教师带领养育人、宝宝进行膝上游戏。

(1)教师利用仿真娃娃示范膝上游戏:教师将让娃娃腿伸直,娃娃面对教师坐在教师的膝盖上,前两个八拍让娃娃在膝盖上抖动;在"双手抓紧往上跳"时膝盖拱起来至最高;在"我们"时娃娃滑坐到教师脚背上;在"一起飞起来"时娃娃趴在教师小腿上,教师向后倒下再坐起来。

(2)教师清唱,带领养育人和宝宝共同游戏。

(3)在教师的带领下,养育人和宝宝跟随音乐共同游戏。

5. 教师带领养育人、宝宝站起来游戏。

(1)教师边示范边讲解游戏玩法:养育人双手扶住宝宝腋下带着宝宝练习被动地跳。前两个八拍原地跳;在"双手抓紧往上跳"的"跳"时将宝宝举起;在"我们一起飞起来"时带着宝宝转一圈;最后一句原地跳。

(2)教师清唱,养育人带领宝宝共同游戏。

(3)跟随音乐,在教师的示范下,养育人和宝宝共同游戏。

五、运动时光:按摩球飞起来

1. 教师出示彩虹伞,引导养育人拉起彩虹伞,边示范边讲解:宝宝坐在彩虹伞下,前两个八拍养育人转动彩虹伞;第三个八拍前半句掀起彩虹伞,后半句放下彩虹伞;最后一句轻微抖动彩虹伞。

2. 教师将按摩球倒在彩虹伞上,养育人和宝宝听音乐共同游戏。

六、道别时光:详见 13—18 个月亲子活动固定流程

> ☞当宝宝没有参与游戏时,养育人可以握住宝宝的手一起拿着按摩球跟着音乐和老师共同游戏。

> ☞养育人握住宝宝双手与教师共同跟随音乐一下一下地抖动双腿,用身体动作感知音乐节奏。

> ☞观察宝宝是否有意识地配合养育人,如,当养育人听到"跳起来""飞起来"带着宝宝做动作的时候,宝宝是否配合或表现出愉快的情绪。

> ☞养育人鼓励宝宝从彩虹伞下钻出来,在最后一句抖动彩虹伞时将按摩球抖落,鼓励宝宝寻找抖落的按摩球并把球捡回来。锻炼宝宝弯腰行走的能力,保持平衡并有目的地寻找、捡起按摩球。

活动材料

按摩球

彩虹伞

歌曲

跳起来

1=♭B 2/4   佚名 词/曲

3 4 5 | 3 4 5 | 6·7 i 6 | 6 5 5 |
跳 起 来， 跳 起 来， 高 高 兴 兴 跳 起 来。

3 4 5 | 3 4 5 | 6·5 3 1 | 2 1 1 |
跳 起 来， 跳 起 来， 高 高 兴 兴 跳 起 来。

2 2 3 2 2 3 | 2 3 4 | 3 3 4 3 3 4 | 3 4 5 |
双 手 抓 紧 往 上 跳， 我 们 一 起 飞 起 来。

3 4 5 | 3 4 5 | 6·5 3 1 | 2 1 1 ‖
跳 起 来， 跳 起 来， 高 高 兴 兴 跳 起 来。

活动四十：好玩的树叶尾巴

 宝宝目标

1. 学习将收集好的落叶撒在长胶带上，并知道按一按做成树叶尾巴。

2. 学说"树叶""尾巴""长长的"。

> **养育人目标：**
> 1. 通过动作引导宝宝用撒、按、拍等动作粘贴树叶尾巴。
> 2. 观察宝宝在玩游戏的过程中能否重复学说"树叶""尾巴""长长的"。

活动准备

1. 音乐 1：《秋日里的叶》；音乐 2：《cachito（小宝贝）》。

2. 建议在户外有落叶的地方进行游戏。

3. 人手一份材料：长透明胶带 1 条，落叶若干，装树叶的小筐 1 个。

活动过程

一、接待时光
二、问候时光 详见 **13—18 个月亲子活动固定流程**
三、韵律时光
四、温馨时光

1. 教师出示一片树叶，吸引宝宝摸一摸树叶。

（1）教师出示树叶轻轻摇晃，与宝宝们打招呼。

教师：宝宝们好，看看，老师手里拿的是什么？

你好，挥一挥手和树叶说"你好"。

（2）教师邀请宝宝看一看、摸一摸、抓一抓树叶。

教师：宝宝伸出小手摸摸树叶。

养育人带领宝宝说说、做做还可以用什么动作感受树叶。

2. 教师带着养育人和宝宝散步，引导宝宝寻找落叶，用多种方式感受落叶，并将落叶捡起来放进筐中。

（1）教师：哇，宝宝快看，地上有好多五颜六色的，是什么呀？

（2）养育人和宝宝一起说一说"树叶"。

（3）请宝宝将树叶捡起来放进筐里，一起重复说"树叶"。

3. 教师出示长长的胶带，引导宝宝将收集的树叶粘贴于胶带上，制作长长的树叶尾巴。

（1）教师出示长胶带，引导养育人和宝宝说"长长的"。

（2）宝宝尝试触摸，感受胶带黏黏的触感。

教师：宝宝摸摸长长的透明胶带，是什么感觉的

养育人关注要点：

☞落叶自然物随处可得，是宝宝们亲近自然、走进自然的契机。此年龄段的宝宝喜欢捡拾东西。养育人可在安全的情况下，创造机会让宝宝充分发挥天性。

☞养育人和宝宝共同玩，引导宝宝运用多感官感受落叶的不同特点。（摸、拍、抓、抛、撒等）

☞养育人观察宝宝捡到落叶后的反应，与宝宝共同捡拾一定量的落叶到筐中。养育人捡起并指着树叶对宝宝说"树叶"。

☞养育人与宝宝一起说"长长的"，并指一指、摸一摸长长的胶带。

☞养育人观察宝宝用什么方式将树叶粘在长长的胶带上。

呀？（一面黏黏的，一面滑滑的）

（3）教师拿出一把树叶，对准地上胶带黏黏的一面撒一撒、抛一抛、拍一拍。

4. 养育人与宝宝一对一制作树叶彩带，并按照宝宝的意愿玩一玩彩带。（播放音乐1）

五、户外时光：抓树叶尾巴

1. 养育人将树叶彩带贴在自己背后或者宝宝背后，引导宝宝玩追逐抓尾巴的游戏。（播放音乐2）

2. 教师也可鼓励养育人与其他宝宝之间互动追逐、抓尾巴，反复游戏。

六、道别时光：详见13—18个月亲子活动固定流程

☞引导宝宝用一片一片粘贴的方法进行制作。

☞宝宝没有兴趣时可通过撒、抛、拍的方式进行制作。

☞养育人在空中挥舞彩带，引导宝宝跟随彩带的方向追视，并向上抓取。还可将胶带贴于背后，逗引宝宝抓住彩带。宝宝拖着树叶彩带在草地奔跑，养育人在后面追逐。

活动材料

树叶尾巴

18 个月

活动四十一：喂小动物吃圆子

 宝宝目标

1. 学习将乒乓球放进抽纸桶内,双手配合摇动,边摇边倾听小球撞击罐子发出的声音。

2. 学说"摇晃""圆子""球"。

 活动准备

1. 小猫头饰(可替换)1 个。

2. 人手一份材料:1 个大嘴动物罐子(可用抽纸筒制作),毛球、乒乓球各 6 个。

 活动过程

一、接待时光
二、问候时光 详见 13—18 个月亲子活动固定流程
三、韵律时光
四、温馨时光

1. 教师出示小猫头饰,表演"小猫玩球"的游戏导入活动。

教师:小猫来了,喵——小猫爱玩球。

2. 教师出示乒乓球引起宝宝的兴趣。

(1)教师演示乒乓球的玩法,宝宝感受乒乓球的性质。

教师:圆圆的球,会滚、会跳。

（2）宝宝人手一个乒乓球自由摆弄。

（3）养育人模仿教师的示范动作与宝宝互动游戏。

（4）游戏结束,提醒养育人将乒乓球放在身后。

3. 教师出示大嘴小动物罐子,示范喂圆子(乒乓球)。

（1）教师出示空的小动物罐子,引导宝宝观察。

教师:小猫有张大嘴巴,喵喵喵,想吃圆子。

（2）教师摇动罐子,引导宝宝倾听声音。

教师:宝宝听,没有声音,肚子里面没有圆子。

（3）教师示范将圆子从"嘴里"(洞口)放进去,并摇晃罐子,倾听声音。

教师:咚咚咚,咚咚咚,小猫吃了会响的圆子。

4. 教师示范倒过来摇动罐子,将圆子摇动出来。

教师:圆子要出来啦! 摇一摇! 掉出来咯! 正好掉在小筐里!

5. 教师出示毛球,引导宝宝将毛球放进罐子中。

教师:宝宝听,罐子还会唱歌吗? 没有声音啦!

6. 宝宝人手一份材料,和养育人面对面游戏。

（1）养育人引导宝宝左右手分别尝试操作喂圆子。

（2）养育人引导宝宝在操作过程中摇晃罐子倾听声音。

（3）游戏结束后,宝宝自己将材料交还到教师处。

五、运动时光:宝宝翻跟头

1. 宝宝在养育人的辅助下尝试模仿罐子翻跟头的样子。

2. 养育人拉住宝宝的脚腕,将宝宝头向下倒立,宝宝手着地,翻转放下。

六、道别时光:详见 13—18 个月亲子活动固定流程

☞观察宝宝能否将小球准确地投进小动物的嘴巴。

☞宝宝无法对准洞口时,养育人可辅助宝宝的手,协助其进行投喂。宝宝有意识地向洞口投喂时,养育人可引导宝宝说"吃圆子"。

☞养育人模仿罐子发出的声音,并观察宝宝是否愿意发出类似的拟声词。

☞观察宝宝能否用双手配合将罐子倒过来,双手协调摇动将球摇出。引导宝宝双手协调地摇晃罐子,倾听罐子是否发出声音。

☞翻跟头有利于提升宝宝运动器官的功能,促进前庭器官的发育,从而使宝宝的平衡性得到提高,可以更好地让身体处于稳定状态。

大嘴动物罐和球

活动四十二：我是小宝贝

⭐ 宝宝目标

1. 当养育人说"么儿"时能做出愉快的反应。
2. 学说"哈哈"，并试着跟音乐一起唱。

⭐ 活动准备

1. 音乐《小宝贝》：A 段音乐，B 段音乐，完整音乐。
2. 人手一份材料：纱巾，大转碗。

⭐ 活动过程

一、接待时光 ⎫
二、问候时光 ⎬ 详见 13—18 个月亲子活动固定流程
三、韵律时光 ⎭

四、温馨时光

1. 教师播放歌曲，鼓励宝宝感受旋律。

（1）教师：宝宝是妈妈的宝贝。我们一起听一首歌《小宝贝》。

（2）教师播放音乐，鼓励宝宝跟随音乐拍拍手或

养育人目标：
1. 引导宝宝愉快地参与游戏。
2. 通过动作和语言帮助宝宝感受音乐中"哈哈"，并能尝试跟随一起唱。

养育人关注要点：
📖 养育人观察宝宝是否喜欢听音乐，能否跟随音乐自然摆动身体。不同类型的音乐培养宝宝不同的音乐素养，养育人可以选择不同类型的音乐给宝宝听。

99

扭动身体。

2. 教师引导养育人和宝宝跟随音乐玩亲子游戏。

（1）宝宝坐在养育人的腿窝里，养育人在 A 段音乐"哈哈"处亲吻宝宝。B 段抓着宝宝的手按节奏左右摇晃，好像摇小船。

（2）教师放慢速度清唱歌曲，养育人在教师的示范下，跟随音乐和宝宝共同游戏，熟悉音乐 AB 结构。

（3）完整听音乐，教师带领养育人和宝宝共同游戏。鼓励养育人尽量在亲吻宝宝时逗乐宝宝。

3. 教师出示纱巾，和宝宝玩捉迷藏的游戏。

（1）养育人和宝宝面对面坐，养育人在 A 段音乐时用纱巾隔开宝宝，在"哈哈"处打开纱巾说"么儿"逗引宝宝。播放 B 段音乐，鼓励宝宝拿着纱巾自由挥舞。

（2）教师放慢速度清唱歌曲，养育人在教师的示范下，跟随音乐和宝宝共同游戏。

（3）完整听音乐，教师带领养育人和宝宝共同游戏。鼓励养育人尽量在和宝宝捉迷藏时逗乐宝宝。

4. 教师和宝宝一起跳双圈集体舞。

（1）养育人和宝宝共同学习站双圈舞队形：养育人站里圈，宝宝站外圈。

（2）养育人和宝宝跟随音乐在圆上走一走，在播放到 A 段音乐"哈哈"时，养育人转身对着宝宝说"么儿"，和宝宝玩捉迷藏的游戏。播放 B 段音乐，鼓励宝宝在圈上自由走。

五、运动时光：大转碗

1. 教师边出示大转碗，边用有趣的语言吸引宝宝观察大碗转动的有趣现象。

教师：哇！好大的碗呀，宝宝们快快坐进来，转起来咯！

2. 教师引导养育人和宝宝共同游戏。

六、道别时光：详见 13—18 个月亲子活动固定流程

☞养育人观察宝宝是否情绪愉快地互动、亲吻的时候能否主动配合。如果宝宝能够和养育人学习玩捉迷藏游戏，且能模仿说"么儿"，养育人可以和宝宝多次游戏；如果宝宝不愿意游戏，养育人可以说"么儿"逗引宝宝对游戏的兴趣；若在语言提醒下宝宝还是不能情绪愉快地玩音乐游戏，养育人可以用动作、纱巾主动把宝宝藏起，带给宝宝惊喜感。

☞养育人跟着歌曲和宝宝一起游戏，过程中注意听好歌曲的节奏，合拍地变换动作。养育人根据音乐节奏转头并逗引宝宝和自己玩捉迷藏的游戏，鼓励宝宝在逗引中做出愉快的反应。

☞此时是宝宝知觉快速发展的关键期，养育人可以用多种方式锻炼宝宝前庭平衡能力。大转碗不仅可以让宝宝感受空间位移带来的刺激感，还能锻炼宝宝的胆量。

小宝贝

1=D 4/4

中速稍快 跳跃感 天真活泼地

王国权 词/曲

(A段)我是

小宝贝，从 不怕累，虽然功课一大 堆。 像个

小ba—by，最 爱馋嘴，有时 还要吃奶 嘴，哈哈，我是

小宝贝，从 不怕累，唱歌跳舞我最 会， 时间

不浪费，老 师说对，做个 乖乖的小宝贝。

(B段)爷 爷他 最疼我， 要 什 么 他都给，

奶 奶也 总是说， 我是 小宝 贝， 嘿！我是

小宝贝，从 不怕累，唱歌 跳舞 我最 会， 时间

不浪费，老 师说对，做个 乖乖的小宝 贝。

贝。

活动四十三：插花啦

⭐ 宝宝目标

1. 学习将小花玩具插进洞洞并向上垒高。
2. 学说"高高的"。

养育人目标：
1. 鼓励宝宝插花时能对准洞洞插并将花朵插高。
2. 引导宝宝观察插高的花，并学说"高高的"。

活动准备

人手一份材料:篮子 1 个,插花玩具 1 筐(约 20 个),花球 1 个。

 活动过程

一、接待时光
二、问候时光 } 详见 13—18 个月亲子活动固定流程
三、韵律时光

四、温馨时光

1. 教师介绍插花玩具。

(1) 教师:这是小花,这是花园,宝宝要把小花插进花园的洞洞里。

(2) 教师边念儿歌边做动作。

教师:小花朵,真有趣,宝宝小手抓抓紧。

一朵两朵插满地,小小花园真美丽。

(3) 鼓励宝宝跟随做动作。

2. 教师示范插花,引导宝宝学习对准洞洞拼插花朵。

(1) 教师边示范边讲解。

教师:对准洞洞,插朵花,小花种好了。

(2) 教师让每个宝宝给教师手上的小草上插一朵花。

教师:看,高高的花!

3. 宝宝每人一篮插花玩具插花。

(1) 教师:宝宝拿着花,对准洞洞,插出高高的花。

(2) 宝宝坚持操作,将筐里的塑料小花插完。

五、运动时光:踢花球

1. 教师出示花球,引起宝宝兴趣。

教师:这是花球,可以变大,可以变小。

2. 教师边示范边讲解玩法。

(1) 玩法一:宝宝扔、踢花球。

(2) 玩法二:养育人扔花球,宝宝捡回来交给养育人。

> **养育人关注要点:**
>
> ☞养育人观察宝宝是否愿意模仿老师的动作、能否尝试跟随老师念儿歌。

> ☞养育人可以观察宝宝是否有意识抓住小花对准洞洞插。观察宝宝插花的方式,能连续插几朵。如果宝宝愿意插花,且能坚持把花插完,养育人可以鼓励宝宝插出高高的花。如果宝宝有目的地插花,但是对不准洞洞,养育人可用语言鼓励宝宝调整位置对准洞洞;如果宝宝对插花不感兴趣,养育人可以拿着宝宝的手完成插的动作。

> ☞插花不仅锻炼宝宝的手眼协调能力,还锻炼宝宝在插花过程中手指的力量。在家中,养育人可以准备不同材质的底座,如花泥、纸黏土等,宝宝可以在插的过程中感受不同软硬的材料需要用到的力度。

> ☞在扔、踢花球的过程中锻炼宝宝手臂和腿部力量,养育人扔、宝宝去捡,锻炼宝宝稳定地走和跑。
> 养育人观察宝宝是否愿意自由玩花球,能否走或跑着捡花球。

六、道别时光:详见 13—18 个月亲子活动固定流程

 材料

插花玩具　　　　　　　　　　　花球

儿歌及玩法

<h2 style="text-align:center">插　花</h2>

小花朵,真有趣,(五指张开左右摇晃)

宝宝小手抓抓紧。(做五指抓的动作)

一朵两朵插满地,(双手握拳,双拳交替垒高)

小小花园真美丽。(做小花状)

活动四十四:恐龙机关盒

⭐ **宝宝目标**

1. 学习用按、转、压、扭的方式打开机关,体验恐龙弹出来带来的乐趣。

2. 学说"按""转""压""扭"。

养育人目标:

1. 鼓励宝宝自由探索恐龙机关盒的玩法,鼓励宝宝用按按钮、转动旋钮的方式打开机关盒。

2. 鼓励宝宝学习说"按""转""压""扭"。

活动准备

1. 彩虹伞1顶。
2. 人手一份恐龙机关盒玩具。

活动过程

一、接待时光
二、问候时光 } 详见 **13—18个月亲子活动固定流程**
三、韵律时光

四、温馨时光

1. 教师出示恐龙机关玩具,引起宝宝兴趣。

（1）教师走近宝宝,给宝宝看恐龙机关玩具。

教师边用手指边介绍:下面有按钮,上面有盖子。

（2）教师示范触动机关弹出恐龙。

教师边示范按第一个黄色按钮边说:按一按,恐龙变出来了。

（3）教师引导宝宝发现按下黄色按钮后,黄色盖子打开,弹出恐龙。

2. 教师示范"转"旋钮的动作。

（1）教师鼓励宝宝猜一猜:打开红色机关哪个盖子会打开?

（2）教师示范转动红色旋钮。

教师:按不动,要转一转。

（3）教师揭晓宝宝的猜测:转动红色旋钮,红色盖子下的恐龙会弹出来。

3. 宝宝自由尝试按一按、转一转打开机关。

（1）教师给每位宝宝一个恐龙机关玩具。

（2）宝宝自由探索打开机关的方式。

（3）宝宝学习将弹出来的恐龙压下去,反复游戏。

五、运动时光:钻钻彩虹伞

1. 教师出示彩虹伞,养育人将彩虹伞举高。

2. 教师念儿歌,宝宝在彩虹伞下快走。

教师:彩虹伞下快快走,宝宝勇敢不回头。

六、道别时光:详见 13—18个月亲子活动固定流程

养育人关注要点:

☞宝宝开始逐渐掌握如何使用手指进行更精细的操作。他们能够更准确地控制手指的运动,并尝试使用单个手指、手指之间的配合来完成一些简单的任务,如按按钮、抓握小物件等。

☞打开机关所用到的方式锻炼宝宝单个手指按的力量、手部的力量和配合。养育人观察宝宝是否愿意参与游戏、用什么方式打开机关、能否打开机关。

☞转动旋钮的动作要求宝宝使用手指或手掌的力量,从而锻炼手指和手掌的握力、扭力。日常生活中,养育人可以让宝宝尝试打开松一些的瓶盖、转动门把手等。

☞当宝宝在彩虹伞下快速穿梭时,他们需要灵活地调整自己的身体姿势,比如学习躲避、学习转身;在走的基础上学习快速、稳定地走。

活动 材料

恐龙机关盒

活动四十五：撕撕贴贴

 宝宝目标

1. 学习将便签条逐一撕下、贴在养育人的衣服上。

2. 学说"彩条""黏黏的"。

 活动准备

人手一份材料：细长的彩色便签条（每人15条左右），大转碗1个。

 活动过程

一、接待时光
二、问候时光 } 详见 13—18 个月亲子活动固定流程
三、韵律时光
四、温馨时光

1. 教师出示便签条，鼓励宝宝感受黏黏的特性。

养育人目标：
1. 鼓励宝宝发现养育人身上的便利贴，能够手眼协调地将便签条撕下。
2. 语言或动作与宝宝进行交流，鼓励宝宝发现便签条的特点，学说"彩条""黏黏的"。

养育人关注要点：
宝宝已感受过透明胶带的黏性，此活动选用了黏黏的彩色便签条。宝宝可以在自然的游戏情境中感受各种材料的黏性。有些宝宝不敢探索，养育人要鼓励宝宝大胆地接触安全的物品，发展触觉能力。

（1）教师走近宝宝，给宝宝摸一摸便签条的黏黏处。

教师：这是彩条，上面黏黏的。

（2）教师边念儿歌边鼓励宝宝模仿动作。

（3）养育人和宝宝互动念儿歌做动作。

在"黏黏糊糊粘一起"这句时宝宝和养育人的食指对点。

2. 宝宝尝试将便签条上带有胶的一面贴在养育人的身上。

3. 养育人将便签条贴在宝宝身上，鼓励宝宝将自己身上的便签条逐一找到并撕下。

4. 养育人将便签条贴在地上、墙上，引导宝宝找寻并撕下来。

5. 宝宝将找到的便签条捡起来送交给教师。

五、运动时光：身体转转

1. 宝宝尝试在地垫上自由翻滚。

2. 养育人推着宝宝向前或向后侧滚翻。

3. 宝宝尝试平躺在地垫上，朝同一个方向连续侧滚翻。

4. 宝宝坐在大转碗里，养育人转动转碗进行游戏。

六、道别时光：详见 13—18 个月亲子活动固定流程

☞引导宝宝学说"彩条"，通过触摸感受便签条一端黏黏的特性。

☞养育人观察宝宝能不能将便签条贴在自己身上、能否调整贴的方式。贴不住时，养育人给予宝宝针对性的引导。比如：摸一摸哪里黏黏的？把黏黏的一面贴在身上或皮肤上。这一面没贴上，反过来再试一试。如果还是贴不上，养育人可抓住宝宝的手试贴一张。

☞"撕"可以锻炼宝宝两指捏的动作。养育人观察宝宝撕的方式，是一把抓还是两指捏，如果宝宝用抓的方式，养育人要鼓励宝宝学习用两指捏或三指捏的方式撕便签条。

☞在滚、转的过程中，宝宝需要不断调整身体姿态，保持平衡，这有助于提升他们的前庭平衡能力，也能锻炼宝宝的胆量。

活动材料

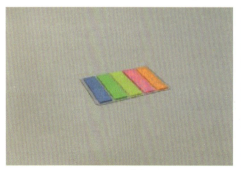

彩色便签条

大转碗

儿 歌 及 玩 法

小彩条

小小彩条真奇妙，(食指独立的点)

黏黏糊糊粘一起。(食指对点)

宝宝小手贴得牢，(竖起大拇指点赞)

大家一起快来找。(招手)

活动四十六：嘟嘟飞

 宝宝目标

1. 在成人的帮助下能够随乐完整做出"嘟嘟飞"的动作。

2. 学说"蝴蝶""嘟嘟飞"。

 活动准备

1. 音乐《嘟嘟飞》。

2. 大蝴蝶标本 1 盒，大蝴蝶即时贴一对。

3. 人手一份材料：小蝴蝶即时贴一对，纸彩带人手 2 束，小筐人手 1 个，蝴蝶棒 2 只。

★ **活动过程**

一、接待时光

二、问候时光 详见 13—18 个月亲子活动固定流程

三、韵律时光

四、温馨时光

1. 教师出示蝴蝶标本，引出活动。

（1）教师神秘地从身后拿出标本：宝宝看，这是什么呀？

养育人目标：

1. 观察宝宝在教师演唱时是否跟着一起做双手对点的动作。

2. 学习模仿，回答教师的问题，一起说"蝴蝶""嘟嘟飞"。

养育人关注要点：

蝴蝶是宝宝感兴趣的一种昆虫，有丰富的颜色和花纹，对宝宝探索大自然和亲近自然有着积极的促进作用，更易激发宝宝探究学习的兴趣。

（2）教师边指边介绍蝴蝶标本。

教师：哇！好漂亮的蝴蝶！有什么颜色的蝴蝶？（红色、黄色、黑色）它的身上还有什么？（有花纹）各种各样的花纹，真漂亮啊！

（3）教师走近每一个宝宝，引导宝宝观察蝴蝶标本。

教师：这是什么？你喜欢哪只？（宝宝指认，学说词语"蝴蝶"）

2. 教师带领宝宝学玩手指游戏。

（1）教师：我的手指也会变出小蝴蝶呢！

（2）教师边讲解边完整示范手指游戏，宝宝和养育人初步熟悉游戏动作。

（3）宝宝在养育人的引导下用语言、动作来表达对游戏的理解。

教师：刚才老师做了哪些动作？

教师：老师说了什么？

（4）教师边念儿歌边分解示范动作，宝宝跟学动作。

（5）在教师的带领下，养育人引导宝宝听儿歌完整地做手指游戏。

3. 学习韵律游戏"嘟嘟飞"。

（1）教师出示一对大蝴蝶即时贴。

教师：这是什么？有几只？

（2）教师示范撕贴"蝴蝶"的方法，左右手食指各贴一只。

（3）教师带领宝宝伸出食指徒手模仿"大蝴蝶"做一做"嘟嘟飞"动作，感受食指碰一碰、飞出去的动作要领。

（4）每个宝宝一对小蝴蝶即时贴，养育人引导宝宝撕下胶纸将小蝴蝶贴在食指上，废纸放在小筐里。

（5）教师清唱歌曲，带领养育人、宝宝练习"嘟嘟飞"动作。

（6）在教师带领下，宝宝随乐完整做《嘟嘟飞》手指律动。

📖养育人和宝宝一起说"嘟嘟飞"，丰富宝宝的词汇。回答教师的问题，帮助宝宝理解提问和回应的情境。引导宝宝重复老师的语言"嘟嘟飞"。

📖观察宝宝能否跟着音乐做"嘟嘟飞"的动作，并在对应的时间做出双手打开的动作。

📖宝宝没办法跟着韵律节奏打开手时，养育人可以辅助其进行，并重复"嘟嘟飞"。

108

五、运动时光:蝴蝶真美丽

1. 每个宝宝 2 只蝴蝶棒。

(1) 教师:小蝴蝶休息了(贴在衣袖上),大蝴蝶飞来了。

(2) 养育人带领宝宝随乐做对碰"嘟嘟飞"动作。

2. 用彩带随乐玩"蝴蝶飞"的韵律游戏。

(1) 教师分解示范动作并讲解:彩带是蝴蝶的翅膀,在身体两边(或者身体前后上下)飞一飞。

(2) 每个宝宝两束彩带,在教师带领下随乐模仿蝴蝶飞。

六、道别时光:详见 13—18 个月亲子活动固定流程

> 宝宝能够跟上节奏和教师同时打开手时,养育人回家后可自行播放音乐,让宝宝随乐进行手指游戏。

> 养育人可在家播放音乐,引导宝宝模仿蝴蝶的样子,挥动大臂跟随音乐继续做"嘟嘟飞"的游戏。

活动材料

蝴蝶即时贴

蝴蝶棒

彩带

歌曲

嘟嘟飞

$1=C$ $\frac{2}{4}$

3 3 | 5 - | 1 1 | 3 - | 2 2 | 2 2 | 5 - | - - |
嘟 嘟　　飞,　　嘟 嘟　　飞,　　嘟 嘟　嘟 嘟　飞,

3 3 | 5 - | 1 1 | 3 - | 2 2 | 2 2 | 1 - | - - ‖
嘟 嘟　　飞,　　嘟 嘟　　飞,　　嘟 嘟　嘟 嘟　飞,

(改编自《小朋友音乐选粹252》上海音乐出版社)

嘟嘟飞

嘟嘟飞,嘟嘟飞,(对碰双手食指)

嘟嘟、嘟嘟飞。(分开食指,从眼前画向体侧)

嘟嘟飞,嘟嘟飞,(对碰双手食指)

嘟嘟、嘟嘟飞!(分开食指,从眼前画向体侧)

活动四十七：纸团印花

 宝宝目标

　　1. 学习用纸团做出蘸取、压印的动作,在草地上印满花。

　　2. 学说"红花""绿草"。

养育人目标：

1. 观察宝宝能否将报纸团成纸团,并用纸团做出蘸取、压印的动作。

2. 引导宝宝学习说"红花""绿草",并能指认花、草。

 活动准备

　　1. 宝宝提前穿好护衣。

　　2. 人手一份材料：报纸 2 张,红色、黄色颜料各 1 盘,画有小草的底纸 1 张(放在托盘里),胶带 1 卷,麻绳 1 根(1 米长)。

⭐ **活动过程**

一、接待时光

二、问候时光 〉详见 13—18 个月亲子活动固定流程

三、韵律时光

四、温馨时光

　　1. 教师出示印有花朵的完整作品,鼓励宝宝说"红花""绿草"。

　　(1) 教师拿着画走近宝宝,给宝宝指认红花。

养育人关注要点：

☞此前宝宝有过用纸巾团纸球的经验,这次更换报纸,可以让宝宝尝试用不同材质、不同硬度的材料进行团捏,锻炼宝宝手指和手掌的力量,提升双手的协调能力。

（2）教师：宝宝看一看，有什么颜色的花？什么颜色的草？

2. 迁移已有经验，了解制作纸团印章的方法。

（1）教师：我们用报纸制作印花的印章。

（2）教师边示范边讲解制作方法。

教师：拿两张报纸，团成两个团。

教师：养育人在每个纸团的顶端捏出一个把手，贴上红、黄即时贴。

（3）宝宝制作纸团印章。

（4）教师出示颜料盘，将印章放在和把手颜色一样的颜料里。

3. 教师边讲解边示范纸团印花的方法。

教师：纸团印章放在颜料里按一按，拿起来，在草地上按一按，小花印出来了。换个颜色，按一按，小花都开了！

4. 宝宝用印章在"草地"上印花。

（1）宝宝拿取材料，用纸团做出蘸取、盖印的动作，在"草地"上印满花。

（2）宝宝和养育人一起欣赏作品，说说自己印了什么花。

五、运动时光：踩纸球

1. 教师介绍拖着尾巴的纸球。

教师：老师做的纸球长了一条长长的尾巴。

2. 养育人带领宝宝用报纸、胶带、麻绳做拖尾巴的纸球。

3. 教师介绍踩纸球玩法：养育人拉着纸球的尾巴在前面走，宝宝追、踩。

六、道别时光：详见 13—18 个月亲子活动固定流程

盖印花朵不仅锻炼宝宝手部的力量，还锻炼宝宝手部的控制能力。养育人观察宝宝是否愿意盖印花朵，能否用"按一按""抬起来"的方式盖印花朵，盖完花朵后能不能根据把手的颜色放回相应的颜料盘中。如果宝宝愿意且能按照要求盖印，养育人可以鼓励宝宝关注花朵分布的位置关系；如果宝宝对盖印花朵的方法存有疑问，养育人可用语言提示"按一按""抬起来"；如果宝宝对盖印方法仍存在力量的控制问题，养育人可以拿着宝宝的手盖印，帮助宝宝感受盖印的力量。

踩纸球可以锻炼宝宝有方向快走、运动中的转身，踩的过程中需要不断调整自己的姿势和重心以保持稳定，有助于提升宝宝的平衡感。

111

活动 材料

报纸印章与颜料

长尾巴纸球

活动四十八：筛筛乐

⭐ 宝宝目标

1. 学习用双手摇动小筐的动作,将筐中花生米、米粒漏下来。

2. 在成人的引导下,尝试模仿花生米、米粒洒落下来的声音,如"沙沙沙""哗哗哗"。

⭐ 活动准备

1. 塑料大盆两人 1 个,墙面水管玩具 3 个(下面有接物的长条筐)。

2. 彩虹隧道(四通道以上),海洋球、乒乓球、高尔夫球人手 3—4 个,大筐 2 个。

3. 人手一份材料:盒子 2 个(各装有半盒大米与花生米,盒子可选用不同形状、不同材质的),小碗 1 个,网眼小筐 1 个,大盆 1 个。

养育人目标:
1. 观察宝宝双手摇动的动作;能否听从养育人的指令在指定的地方摇。
2. 养育人引导宝宝倾听花生米、米粒洒落下来的声音,并引导其模仿说"沙沙沙""哗哗哗"。

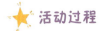 **活动过程**

一、接待时光 ⎫
二、问候时光 ⎬ 详见 13—18 个月亲子活动固定流程
三、韵律时光 ⎭

四、温馨时光

1. 教师分别摇动大米、花生米,引导宝宝听大小不同颗粒的物品发出的声音,引起兴趣。

(1) 教师摇动盒子:沙沙沙、沙沙沙,盒子里面有什么呀?

(2) 宝宝人手一份材料,引导宝宝用不同的动作玩一玩,帮助宝宝分辨花生米和大米。

(3) 教师示范将人手一份的大米和花生米混合。

(4) 宝宝与养育人共同用手混合搅拌。

2. 教师出示网眼小筐,介绍将大米与花生米分成两盒的游戏玩法。

(1) 引导宝宝倾听大米从小筐漏进大盆里的声音。

教师:下雨啦! 下的什么雨? 大米雨。

　　　　什么声音? 哗哗哗。

　　　　小筐里还剩下什么? 花生米。

(2) 宝宝人手一份材料,养育人和宝宝面对面坐,养育人将盒中混合的花生米和大米倒进宝宝手里的小筐中,宝宝自主探索摇一摇小筐漏下大米进盆。

(3) 大米漏完后,养育人再次为宝宝的小筐装大米和花生米。

宝宝在玩的过程中,养育人说出"大盆里小小的是大米,大大的是花生米",鼓励宝宝模仿表述;也可引导宝宝观察"小筐里是什么? 大米去哪里了"。

3. 教师出示墙面玩具,示范用小碗舀花生米和大米倒入管道。

养育人鼓励宝宝尝试用小碗舀花生米和大米,倾听花生米和大米顺着管道滑落的声音并反复操作。

五、运动时光:蚂蚁搬豆

1. 教师拿出彩虹隧道,边讲解边示范游戏玩法。

养育人关注要点:

☞ 养育人可以引导宝宝看一看、抓一抓、捏一捏、撒一撒、闻一闻,在活动过程中帮助宝宝分辨并学说"花生米""大米"。

☞ 谷物是贴近宝宝生活的材料,使用大小不同的豆、大米对宝宝进行感官训练,能促进其精细动作的发展。观察宝宝用小筐漏下大米的动作。如果宝宝能坚持用小筐将大米筛完,养育人可提出进一步要求,尝试关注将大米都漏进盒中;如果宝宝不能坚持用小筐将所有大米都筛完,养育人此时可以帮助宝宝摇动手臂,引导其将大米漏进盒中。

☞ 鼓励宝宝模仿大米漏在盒子里的声音"哗哗哗"。

☞ 游戏结束后,养育人可引导宝宝一起打扫,捡起洒落的大米、花生米。

113

教师：这么多好吃的豆子（球），小蚂蚁来搬家喽！小蚂蚁拿一颗豆子，穿过隧道，放在另一头的大筐里。

2. 养育人陪同宝宝反复游戏。

六、道别时光：详见 **13—18 个月亲子活动固定流程**

使用不同的球进行游戏，让宝宝在抓握、滚动、把玩的过程中感受球质地的不同，同时锻炼宝宝"五指抓"的小手肌肉力量。在拿球爬过隧道的过程中，宝宝需要协调四肢的平衡，锻炼大肌肉动作。

活动 材料

花生米、大米、筛子

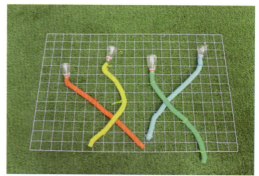

水管玩具

活动 拓展

在家游戏时也可提供洞眼大小不同的沥水篮、蒸笼等生活物品。

食材可提供其他大小区别明显的颗粒，如绿豆与芸豆等（其中一种可通过漏眼的豆子）。